企業のヤスクニ

「企業戦死」という生き方

金子毅

高文研

企業のヤスクニ◉もくじ

II 企業理念のポエム化

奴隷の生を生きる

V

「企業のヤスクニ」幻想からの覚醒

「企業のヤスクニ」幻想のはざまで

装幀 わたなべひろこ
装画 ワタナベケンイチ

はじめに——企業幻想を解体する

二〇二〇年初頭から世界を覆った新型コロナウイルスの脅威が吹き荒れる中、日本では従業員の生命を遵守すべくいち早くリモートワークに切り替える企業が存在する一方で、感染リスクに晒されながら危険手当もなく、廉価な人件費で連日残業を強いられている医療従事者や、在宅ワーカーたちを支える清掃業や食品宅配などに携わるエッセンシャル・ワーカーたちがいる。また、相も変わらず「人材こそ企業の宝」と賞揚し、「働きたい者はいくらでもいるから」と従業員たちを出社させ、平然と長時間労働を促す会社がある。その多くはすでにコロナ禍前から、数々のハラスメントを浴びせて社員を使い潰し、あげく過労死・過労自殺を誘発させかねない、いわゆる「ブラック企業」と呼ばれてきた会社である。近年、この言葉は黒人に対する人種差別を是認するとして批判の対象となっているが、本書においては既に一般化された概念語という意味で、カッコ付きで「ブラック企業」という呼び名を用いる。その理由は以下のとおりである。

コロナ・パンデミックさなかの二〇二〇年五月、ミネソタ州で黒人男性ジョージ・フロイドが白人警官による頸部圧迫で窒息死させられる事件が起きると、黒人に対する構造的な差別に抗してアメリカではBLM（Black Lives Matter：日本語では「黒人の命も大切」と訳される場合が多い）運動が盛り上がりを見せた。日本でもコロナ禍以前より既に新自由主義による格差拡大に基づく人心の分断と、分断を正当化する語りの一つとして人種主義が巧妙に用いられ排外主義へと導かれてきた経緯から、BLM運動に対して深い関心が寄せられた。そうした背景のもと、近年は否定的意味での「ブラック」という語法が人種差別につながりかねないとの懸念が示され、慎重な言葉選びが求められるようになっている。「ブラック企業」という用語も例外ではないと承知している。ところがこれに代わる言葉をあてがうとなると、企業組織のあり方やそこで具体的に行使されている非合理的・反人権的行為、従業員たちに降りかかる様々なハラスメントから、うつ、さらには過労死・過労自殺といった社会的事件に至るまで、いわば「社会的に問題のある企業」が共通して内包する社会の内に潜む構造的な歪みを表象した用語として、「ブラック企業」は一般書籍から経済学、経営学などの学問領域に至るまで今や人口に膾炙しており、これにとって代われるだけの言葉がいまだ考案されるに至っていないのが現状と言わざるを得ない。そこで本書では、この言葉がはらむ問題性について十分注意を払いつつも、あえて「ブラック企業」という語を用いることを初めにお断りしておきたい。

さて、私が本書の執筆を決意したきっかけは一本のドキュメンタリー映画に触発されたことにある。昨今は「ブラック企業」のみならず、大学生などの学業の妨げとなる「ブラックバイト」も大きな社会問題となっている。職場で日々学生たちに接しながら、この問題に向き合うことへの思いが、私の中で日増しに強くなっていった。「ブラック企業」や「ブラックバイト」の現場では、法律を無視した長時間労働が強いられ、働く者の人権は踏みにじられ、あげく過労死や過労自殺にまで追い込まれてしまう状況があとを絶たない。

「生き残るための労働映画《ロードームービー》誕生」と銘打って公開された『アリ地獄天国　An Ant Strikes Back』

（監督・土屋トカチ、二〇一九年公開）は、三〇代という働き盛りの一従業員が、営業マンとして働いてきた引っ越し会社を相手にたった一人で戦いを挑み、勝利するまでの苦闘を記録したドキュメンタリー映画である。長時間労働による疲労で就業中に事故を起こした彼は、社有の営業車を破損したことに対して会社側から高額の弁償金を請求され、給与から天引きされる。そうした処置に異議を唱え、一人からでも入ることが出来るプレカリアートユニオン（個人加盟型労働組合）に加入した彼を待ち受けていたのは、シュレッダー係という、粉塵の舞う労働環境への理不尽な配転だった。給料も半減となり、あげく「罪状ペーパー」なる貼り紙が掲示され、懲戒解雇にも処せられる。組合による懸命なサポートにより、間もなく解雇は撤回されるが、復職先はまたもシュレッダー係。そうした状況が二年も続いた。彼はその間の自らが置かれた状況を、あえて自虐的に「アリ地獄」と称した。やがて営業に復帰し、好成績を上げるも、会社側から提示された和解の条件は退職というものであった。映画は、これからは自分を助けてくれたユニオンの専従職として活動すると、彼がユニオンのメンバーたちの前で決意する場面で終わる。

映画の冒頭で明かされるように、土屋監督が本作を撮ることになったきっかけは、昨今、働き方改革など労働環境の改善がかまびすしく叫ばれているにもかかわらず、親友の自殺を止められなかった後悔の念に苛まれたことだという。「働き方」をめぐり、いまだ多くの矛盾を抱えた日本社会の現実は、コロナ禍により一層むき出しにされたといえるだろう。

また、本作の中で私の心に刺さった一言がある。それは主人公がシュレッダー係を強制されていた時に、そんな自分の姿を「恥ずかしい」と漏らした場面である。長時間労働などにあえぎ苦しんでいる人間が、なぜその矛先を自己に向けて「恥ずかしい」と感じるのか？　この感情は、いかなる状況の中で醸成されるのか？　また、そうした感情を抱く自分自身をどのように受け止めているのか？　当事者ではない者にとり、上から強いられた理不尽な状況を「恥」と捉える感覚が、どうにも腑に落ちなかったのである。そこで本書では、強制された労働環境に対し恥ずかしいと感ずる、その「恥」の意味についても、合わせて追求していくことにしたい。

本書では、このように従業員たちを翻弄し、働かせ、あるいはそのように仕向け、果ては死にまで至らせてしまうものの正体に肉迫する。それは慰霊・顕彰による靖国信仰とは異なるものの、これに等しき求心力を持った「企業のヤスクニ」とでも呼ぶべき現象である。靖国／ヤスクニに祀られる者たちは国家や企業に殉じた死者として一元化され、死者たちの魂は擬制的家族観、つまり血縁関係にはないものの、何らかの属性を同じくする他者たちと家族のような関係が結ばれているという観念のもと、安んじているとされている。一人ひとりの死のいきさつを探求し、その社会的意味を詮索することは、そこでは固く拒まれている。本書では日本社会に埋め込まれた「ヤスクニ的なるもの」の存在を明らかにすることで、人々が企業労働に抱きがちな幻想を解体していきたい。

高度経済成長以降、日本社会は企業中心に歩むことになった。人々の多くが、働けば働くほど豊かになるという成長神話に身を委ねた。それは未曽有の繁栄をもたらす一方で、彼らをしてエコノミック・アニマルと揶揄されるに相応しく、憑かれたように会社にしがみ付かせ、長時間にわたる過剰労働すら正当化させてしまうこととなった。「企業戦士」と呼ばれた彼らの死に対して投げかけられた「昔戦死、今過労死」という言葉は、このような日本的経営の成功の影に潜む矛盾の噴出を露見させるものであった。

　本書では、この日本企業の形成過程を歴史的に振り返りつつ、モーレツ社員たちを「企業戦死」へと追い込んだ要因を探るために、いくつかの企業の事例を取り上げながら、「働き方」の変遷を振り返る。それにより、現在にいたる「働き方」の構築過程に潜む日本社会の問題点を明らかにする。

　第Ⅰ章では、ことに現在に通ずる働き方としてマニュアル労働を取り上げ、そこに潜む他の誰とでも取り替えが可能な労働のあり方、すなわち「単能労働」と呼ばれる働き方を通じ、従業員たちが洗脳のように呪縛されていくプロセスを明らかにする。そこには労働する喜びを奪われ、次第に生きる主体としての姿を失っていく様子が見出される。

　バブル経済が崩壊した一九九〇年代以降、大規模なリストラが断行される中、新たな経営の柱として、ディズニーに代表されるような米国流の企業理念を導入する企業が増加した。だが、そこに見出されるのは労働意欲の喚起のために「成功」を軸とした「成長、自己実現、夢、感謝、家族（同志）、人間力」などといった言葉のオンパレードである。そこにはひたすら単一な企業目的に向けた動機づけのみが空回りしており、根拠の希薄な言葉が浮遊している。本書ではコラムニストの小田嶋隆にならい、それらの言葉を仮に「ポエム化」と名づけることで、話を進めたいと考えている。ただし、この「ポエム」という言葉は、近年、ＳＮＳなどで「非論理的ゆえに意味をなさないもの」という含意で、揶揄的に使用される場合が少なくない。そうした状況をめぐっては、詩人の自由な感性が言葉の群れから厳正に選び取り、配列し直したものとされる「詩」本来の意味を歪曲し、貶めているとして、ネット空間からの批判を浴びている。そのような批判を承知の上で、あえて本書では「ポエム」という言葉を使用する。なぜなら「ポエム」という用語をめぐって小田嶋が釈明するように、企業理念を表象する言葉は確かに「詩になり損ねた何か」であり、そこには「説明放棄」、つまり言葉が持つ本来の意味の消失が認められるからである。それゆえ「ブラック企業」と同じく、「ポエム」という語にも、ある特定の構造や事象を表象する概念用語としての意味を担わせることが可能であると考える。

すなわち「ポエム」とは空洞化された言葉の羅列であり、そこに伝達すべき「意味」はない。もっともらしい美辞麗句がちりばめられ、一瞬わかった気にさせ、感動すら与えるが、実際には何も言っていないに等しい文字列にすぎない。このように「ポエム化」されたメッセージは、送られた受け手はおろか、メッセージを発した当人でさえも、無意味化された言葉の意味を真剣に考え悩み、むりやり斟酌して意味を作り出し、それに共感し、無批判に共有させられてしまう。このようにして、実に陳腐なコミュニケーション空間が醸成される。本書ではそうした言語状況に限定して「ポエム」、あるいは「ポエム化」という言葉を用いる。現にこのような現象は、創業者精神を投影した企業イメージを従業員たちに伝えることを意図した「企業博物館」において、端的に見出される。

第Ⅱ章ではそのケース・スタディとして、モノと言葉、音声、映像を通じた圧倒的な情報を、従業員たちに一方的に浴びせることで、企業のイメージを内面化させ、〝企業の人間〟としての意味を再確認させる強烈な「記憶装置」として企業博物館を捉えることにしたい。具体的には豊田佐吉記念館等（トヨタ自動車）、ヤマトグループ歴史館・クロネコヤマトミュージアム（ヤマト）、ワタミ夢ストリート（ワタミ）を取り上げる。

さらに日本的経営の特徴である「家族」という言葉についても、本書では幻想（ポエム）と捉える。

現実の役職の上下を越えて社員の連帯感を築く上で擬似家族を志向する企業戦略はよく見られる。その根底には家族同様に企業を愛するという、従業員に対する愛社精神の錬成が関わっている。米国の鉄鋼王デール・カーネギーの「ほほえみは心の太陽」という言葉があるように、円満な家庭と同様、感情労働による経営を重視する企業側にとっても、「笑顔」という象徴が不可欠とされてきたのである。日本においてその端緒となったのは、北九州・八幡製鉄所の社会科教育（従業員を職場生活に適応させ、ひいては従業員個人の人格を会社の意向と合一化させることを狙いとし、設定された社員教育カリキュラム）であった。

企業理念に「ポエム」を語り、「人材こそ企業の宝」という甘い言葉を投げかけながら、一方で、従業員たちに過労死・過労自殺させかねない現実を突きつける。そんな矛盾をはらむ日本企業では、過酷な労働を従業員たちに受け容れさせるために様々な論理を駆使している。

企業は従業員たちに対し会社との自己同一化を仕向けるため、さまざまなレトリックを駆使して巧妙に「夢」というポエムを紡いできた。その「夢」から覚醒しないまま、会社のために死ぬまで心身を粉にして働く従業員を企業戦士と呼び、称揚した。一方、年功序列と終身雇用の日本的経営から、企業が新自由主義に基づく成果主義に変節していく過程で、過酷な労働という現実に対して覚醒した人々もいる。そうした従業員への対策として講じられたと考えられるのが、彼らを「不正の受益者」とみなし、罪悪感を煽ることで「恥」の意識を喚起する戦略である。

これは「ブラック企業」の常套手段ともなっており、第Ⅲ章では、死に至る服従の証としての過労死・過労自殺の類型規定の尺度を提示する。そこでは「恥」を意識化させてしまう〈公恥、私恥〉と、

「恥」の意識が発動されることで従業員の全人格を奪うほどの労働が達成される様子が見出された。

　このような死は正常な状態の死とは異なることから、その死の意味をめぐり残された者の心情に様々な葛藤を呼び起こすことになる。

　長引く不況の渦中で、非正規という生き方が定着するとともに、非正規は雇用の調整弁と目されるようになった。だが、二〇〇八年のリーマンショック〈註1〉の頃を境に、働き方が大きく変わることとなった。翌二〇〇九年には失業期間が三カ月以上に及ぶ完全失業者が二〇〇万人を超え、働く能力と意欲がありながら仕事に就くことが出来ない人が増えていった。この頃になると非正規職にとって垂涎の的となっていた正規職に対しても使い潰しにする「ブラック企業」が出現する。

　第Ⅲ章ではその手口を「恥」の意識化として論じたが、第Ⅳ章ではパワーハラスメントという点に焦点を当て、やりがいを搾取されてもなお全人格的な労働に向かわせてしまう要因を、単純に「自発的隷従」とは捉えず、「資本としての感情」という観点から検討する。そこで着目すべき点として「生の負債化（奴隷の生）」という概念を取り上げ、これを哲学者ベンヤミンが論じた罪のないところにわざわざ罪を作り出して罰を与えようとする傾向性としての「神話的暴力」、および見田宗介《みたむねすけ》により見出された、何気ない日常生活の中に無限の恩を感じて生きようとする性向としての「原恩（おかげ）意識」という二つの概念から分析する。

　他方、そうした服従のシステムに加えて、殉職した従業員たちを企業の「家族」（あるいは「同志」などとも呼ばれる）に組み込む擬制的な経営戦略を実践する企業もある。それは死者を敬う心からというよりも、あくまで経営戦略の一環なので、何を自社で祀るべき労災死と規定するかは企業次第となる。そこで結果として、企業が規定した労災死者像が実際の死者数との間に異同を生ずることがある。「恥」の意識を喚起する戦略と併せて、そうした企業のために従業員を死なせる装置を、本書では「企業のヤスクニ」と名付けたい。そこに発動するのが過労死・過労自殺と考えられる。

過労死・過労自殺はともに、長時間労働やパワハラなどによる脳・心臓疾患やうつ病などの精神障害を患った果てに訪れる死である。その意味で、それぞれの死に重い軽いの違いなどはない。だが過労死者の多くが言葉なく逝ってしまうのに対し、過労自殺者の場合には、死に向かう意思や感覚が遺書、また近年はツイッター等での「つぶやき」として残されていることが多い。

そこで第V章では、特に過労自殺を対象とし、死にゆく者の言葉が悲しみの渦中にある生者（遺族等関係者）のグリーフワーク〈註2〉にどう投影されるのか、その後の生のあり方にいかなる相違を生み出すのかを、残された言葉を手掛かりに検討していくことにしたい。

川人博弁護士は過労自殺を「会社本位的自殺」と定義づけた。川人は、遺族たちとのやり取りを通し、弁護士として代弁すべき意思をともに形成してきた。一方、そうしたプロセスを踏む中で、遺族たちは自身の喪失感を乗り越え、裁判を闘う主体へと変えられていった。両者が共闘を通して見出した過労自殺の本質が「会社本位的自殺」ということだった。それは「ONE TEAM」などという美名のもとに語られる和気あいあいとした社内の空気の底流に、社員たちを死に追い立てる構造悪を見出したからにほかならない。それは自殺者たちの語りの変化の中にも認められる。

まず、ワタミの森美菜が過労自殺した二〇〇八年以前に多く見られたのは、会社に「迷惑」をかけるなどの文言が示すような諦念の感情である。それは思うように出来ない苦しみから「私恥」に陥ってしまい、責任を自己自身に回収させてしまうものである。それは自分の苦しみの意味を相対化できず、全責任を自らに帰するという意味で「即自的」な死である。遺書からは死の社会的意味の手掛かりが見出せないため、残された家族たちを泣き寝入りさせる。そこでは「企業のヤスクニ」という装置が責任に対する口封じに成功しているかに見えるため、企業が内包する構造的矛盾は見出しにくくなっている。

だが、二〇一五年の高橋まつり（電通）以後の事例を見ると、明確にその死を意識化させたものの正体が指摘され、その意味で「対自的」といえる。死者が残したメッセージを受け止めた遺族たちは、誰が、何が死者を追い詰めたのかを追及する中で、社会の構造悪と対決する。それはすでに「企業のヤスクニ」には包摂しきれない状況であり、遺族たちを取り巻く社会状況は新たな局面に入っている。

畢竟、「企業戦死」とならないためには、社会に張り巡らされた幻想を生み出す文化装置としての「企業のヤスクニ」に対し、自覚的になる必要がある。しかしそうなる前に、死に至る手前で留めるにはどうすればよいのか。最後に、ある処方箋を紹介して、本書を締めくくりたい。

【註】

〈1〉二〇〇八年に発生したアメリカ合衆国の投資銀行であるリーマン・ブラザーズ・ホールディングスの経営破綻に端を発し、連鎖的に発生した世界規模の金融危機のこと。これにより世界経済は恐慌の一歩手前まで追い込まれることになった。

〈2〉自分の人生の一部である愛する人との死別を体験した人が、その悲しみである悲哀の感情（グリーフ）を受け止めて、新たに生き直しをしていくプロセスを指す。

I 企業戦死への道

不意に死は訪れる

働き過ぎ社会の到来

生きとし生ける者であれば誰にでも平等に訪れる、それが死である。だが、それがいつ訪れるかまで予見できる人間などいない。つまり、我々の住む社会は不可視のリスクに満ちている。労働は人間に豊かな生活を保障してきたが、一方では、労働が逆に人間を死へと追いやる危険性も秘めていることが問題となっている。家族や周囲の心配をよそに無理な労働を重ねたあげく就業中に倒れ込み、そのまま意識が戻ることなく死に至るケース、すなわち「過労死」は後述のように一九八〇年代に入って問題視され始めた。加えて近年は、過労からうつなどの心理的な病を負い発作的に自殺へと至る「過労自殺」も社会問題として取り上げられるようになっている。いずれにせよ、特異な長時間にわたる過重労働に加え、さまざまなハラスメントが発生しがちな日本の労働環境のあり方が作用していると見られている。

過労死や過労自殺をもたらす日本人の働き方の姿勢とは、労働者がそれぞれの私生活に優先してまで、会社の都合を第一に考えていることである。それは日本が大規模な機械化を通じて急速に産業の近代化を遂げる過程で、社員教育を通じて身に付けさせられたものである。そうした価値を内面化させた労働者たちには、戦前・戦中期には「産業戦士」、戦後・高度成長期には「会社人間」や「企業戦士」という称号が与えられた。

「産業戦士」とは、国家総動員体制のもと、労働者たちの労働も国家目的に資するものと意味づけ、彼らを戦争動員へと統合するために、文字通り戦場の兵士に準ずる英雄に擬した尊称である。他方、「会社人間」や「企業戦士」は一見すれば、民主国家繁栄のために邁進する社員たちを賞揚する称号のようでもあるが、そこには所詮使い勝手の良い歯車という自嘲的意味が含まれていた。

労働社会学の森岡孝二は「会社人間」、「企業戦士」の用語を含む記事を国会図書館の雑誌記事索引より検索し、その時代的分布を分析している。そして「会社人間」の最初の用例が一九七八年に認められるのに対し、「企業戦士」はそれより遅れて初出が一九八七年となっていると指摘した。(註1)まず「会社人間」という揶揄的な見方は、マルクスの人間疎外論の立場からなされたのではないだろうか。また、オイルショック後の低成長期にも「経済成長」が期待された当時の状況に相応しく、労働者に対しては「オーガニゼーションマン（組織人）」としての従属性が強調された。「会社人間」という用語には、従業員が企業と一体化した労働形態という含意があったのかもしれない。一方、「企業戦士」が登場した一九八七年はバブル景気絶頂期への助走期間である。「会社人間」という揶揄的イメージは一転し、そこには往年の「産業戦士」にも似た栄光のイメージが付着している。そして「産業戦士」同様、従業員は一人一人が企業の名誉と責任を背負い、目的完遂のためならわが身を顧みず戦う主体＝「企業戦士」であることが求められた。「24時間戦えますか」のCMで一世を風靡した栄養ドリンク剤「リゲイン」の発売は一九八八年六月である。CMの中で誇らしげに歌われた「ジャパニーズ・ビジネスマン」は文字通り、世界列強と戦う戦士として認知された。その裏側で、この年、「過労死」の用語が社会的に定着したのである。

働き過ぎや働かせ過ぎの末、労働者を死に追いやるケースは、戦前からの連続性で捉える必要がある。労働者を劣悪な環境下に置き、過酷な労働を課す「タコ部屋」などの非合法な制度は戦前から存在したが、戦後も労働者の生存権が軽視される労働環境の問題は絶えることがなかった。中小零細企業では、労働者を馬車馬のように働かせたあげく、死なせても、その死は不慮の事故として片づけられた。労災認定されず、よって補償もなく、遺族に対しては雀の涙ほどの慰労金で無かったことにする理不尽な仕打ちが往々にしてなされた。

一方、大企業では労働組合運動の浸透にともない、労災補償も完備されていたため、それほど酷い状況ではなかったが、高度経済成長の過程で科学技術が高度化するにつれ、労働密度やストレスの高まりといった問題が生じた。そのため大企業でもまた、社員たちが極端な疲労に陥り、過労で命を落とすケースは絶えることがなかった。

朝、家族に見送られて元気に出勤したのに、通勤時、あるいは就業中に倒れて、息を吹き返さずにそのまま逝ってしまう。そうしたあっけない死に方を指して、当初、それは「急性死」、ないし「突然死」といった言葉で片づけられた〈註2〉。

過労死・過労自殺の認定とその背景

一九七〇年代半ば以降、労働組合運動が次第に衰退に向かい、あわせてオイルショック後の「減量経営（今でいうリストラ）」への切り替えにより、多くの企業では正規職の削減が断行された。さらに生産技術が高度なエレクトロニクス化を遂げ、ジャストインタイムやカイゼンに象徴される「トヨタ生産方式」が浸透すると、時間外労働や休日出勤などのサービス残業が長時間化し、特に男性労働者の間では過重労働による健康被害が多発するようになった。

一九八一年に医師や弁護士に加え労働組合までを巻き込み、遺族への電話相談による『急性死』等労災認定連絡会」が発足したのはそのようなさなかであった。ちなみに連絡会が発足した当初は、まだ「過労死」という用語が人口に膾炙していなかったため、代わりに「急性死」が使用された。

翌年になって、ようやく「過労死」という言葉が冠せられることになった。「医学面、法律面、運動面でのそれぞれの立場を統合した過労死認定に取り組むシンクタンクが確立され、被災者救済の受け皿が全国に先駆けて大阪にできた〈註3〉」ことと、医師らにより『過労死―脳・心臓系疾病の業務上の労災認定と予防』（労働経済社、一九八二年）が出版されたことを契機としている〈註4〉。そうして会の名称も「過労死問題連絡会」と改称された。

だが、このような運動が展開される中にあっても、従業員たちの死に対する企業側の反応は、元気で働いている時には「頼りにしている」「優秀だ」と好意的な素振りを見せながら、いざ労災申請をする段になると、手のひらを返したように冷淡になるというものだった。

過労死問題がようやく労働現場で一般化されたのは、一九八八年の「過労死一一〇番」の設立によってである。悲しみの癒えない遺族、あるいは労働者本人からの電話による一斉相談の実施によって、「過労死一一〇番」の取り組みは社会的に大きな反響を呼び起こした。

そうした状況のもと、「経済大国」を盾に取る企業と国（当時の労働省）の意固地な姿勢に対する、過労死遺族たちの抗議活動が全国的に拡大していった。〈註5〉他方、同時期に日本の労働環境をめぐる裏事情が世界的にも知られ始めた。たとえば『シカゴトリビューン』紙では「Japanese live and die for their work」と題し、過労死問題が取り上げられた。

つまり、この一九八八年という年は、「過労死元年」として位置づけられるのである。

全国安全週間（七月一日〜七日）に寄せた『日本経済新聞』（一九九〇年七月三日付）の社説には、次のような記述が見られる。

> 安全週間を機会に真剣に考えてもらいたいのは過労死の問題である。（中略）過労死の背景には深刻な人手不足や長時間労働、ストレスなどの問題がある。今日の日本の労働者の現実を映し出したともいえ、いまや「カロウシ」は国際的な関心を呼んでいる。労組は「ゆとり、豊かさ、家庭の幸せ」を目標に掲げているが、過労死の絶滅こそ緊急課題と言える。

そうした経緯を受け、一九九〇年八月二九日には、ジュネーブの国際連合人権小委員会においても、過労死は「ＫＡＲＯＳＨＩ」として議題に取り上げられるに至った。欧米語には「過労死」にあたる言葉がなく、翻訳不可能であったがゆえに、「ＫＡＲＯＳＨＩ」という新語によって概念化されたのである。キリスト教では、罪を犯したアダムがエデンの園を追い出され、「地はあなたのために呪われ、あなたは一生、苦しんで地から食物を得る」（旧約聖書：創世記三章一七節）と神から申し渡されたように、労働は人間の罪の結果とされている。日本の労働観、労働環境は、これとは真逆の、労働は生命よりも優先されるべき価値であり、ひいては労働の美徳が死に収斂される、というものだ。これは外部からみれば極めて奇異に映るであろう。その象徴が過労死＝ＫＡＲＯＳＨＩであったと考えられる。

また、アメリカのＮＧＯ（非政府組織）代表を通し、日本政府に対して過労死の放置は国際人権条約に違反するとの批判が上がった。こうして過労死＝ＫＡＲＯＳＨＩは日本人の労働観に根付く深刻な社会問題として、国内外へと急速に周知されるようになった。それにつれ、労働災害について認定される件数も漸増《ぜんぞう》していった。

ところで現行の労働基準法では、企業などの使用者は労働者を一週四〇時間、一日八時間を超過する労働をさせてはならないと規定されている。この「法廷労働時間」が厳守され、週休二日、年次有給休暇二〇日、国民の祝日一五日が全て取得されているとすれば、労働者の年間実働日数は二二六日、年間労働時間は一八〇八時間に収まるはずである。だが労働基準法には、労使合意による「時間外労働協定（通称、三六協定）」という抜け道が付加されており、働き方改革法が実施されている現状においても、働き過ぎの基準としての「法廷労働時間」は実質、青天井となってしまっている。これでは

働く者の心身の健康を考慮したものとならず、残業手当の支払い基準以外の意味を持ち得なくなってしまっている。[註6]

過労死の定義は、「仕事による過労・ストレスが原因の一つとなって、脳・心臓疾患、呼吸器疾患、精神疾患等を発病し、死亡に至ること」とされている。[註7] しかしこの基準に照らし、過労死が労災認定されるまでの道のりは厳しかった。

過労による労災認定にあたって、厚生労働省が定めている内部基準は以下の三つである。下記のうち一つでも要件を満たさなければ、通常、労災とは認められないとされた。[註8]

第一に、発症直前から前日までの異常な出来事の有無。

第二に、発症に近接した短期間（約一週間）の過重な業務の有無。

第三に、発症前の長期間（約半年間）にわたって著しい疲労の蓄積をもたらすような過重業務の有無。

誰が何を基準に「異常」「過重」の度合いを認定するのだろうか？　このように客観的指標をともなわない曖昧な基準によって、過労死は他の労災に比べると認定率が著しく低いといわれる。遺族たちは、非協力的な会社の姿勢に遭遇し、労働組合や同僚からの支援も殆ど期待できないような状況に置かれる。また労働基準監督署の冷たい対応にさらされることも覚悟しなければならず、泣き寝入りに終わるケースが多かった。

ましてや過労に起因するうつ病などの精神障害に思い悩み、適切な医学的支援も受けられないまま発作的に自死を遂げる「過労自殺」においては、ますます労災認定が困難とされてきた。自殺者が発

表1：過労死認定件数の推移

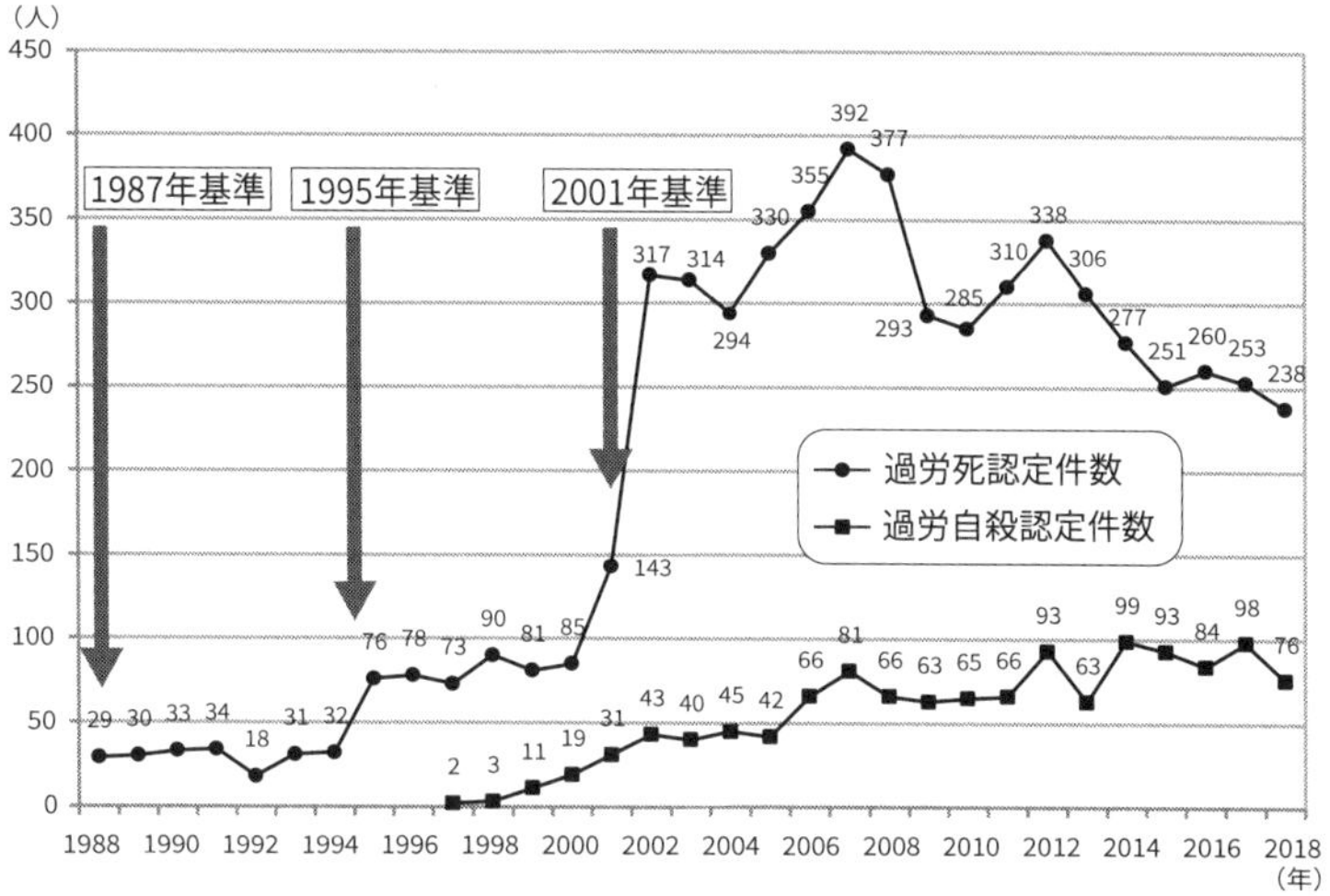

出典：厚生労働省「脳・心臓疾患の労災補償状況」「過労死等の労災補償状況」より立命館大学法学部教授・佐藤敬二氏作成（http://www.ritsumei.ac.jp/~satokei/sociallaw/karoshi.html）

※筆者註：矢印で示したのは、過労死の認定基準が改定された年度。改定により認定件数は2～3倍となっていることがわかる。

生すると、殆どの企業は労働条件や労務管理の問題点を棚に上げ、自殺を社員個人の責任に帰するのが実情であった。そこに長らく続いた平成不況が加わることで、後述するように、職場は社員間の人間関係の緊張とそこから生ずる上司によるさまざまなハラスメントで、殺伐たる状況になっていった。こうして度重なるストレスが職場を圧するようになると、それに比例して過労自殺の件数も跳ね上がっていった（【表1】参照）。

遺族たちをめぐる圧倒的に不利な状況が覆される転機となったのは、一九九六年三月、大手広告代理店、電通社員（一九九一年縊死《いし》、享年二四歳）の自殺事件に対し、東京地裁がその原因を仕事上の過労によるものと認める判決を下したことだった（註9）。以後、「過労死一一〇番」

には自殺相談が相次ぎ、翌年一〇月からは「自殺過労死一一〇番」もスタートした。

さらに一九九九年には「精神障害・自殺の認定基準（判断指針）」が定められた。従来、自殺の事案について行政は「労働者災害補償保険法」にのっとり「故意による事故は補償せず」とし、ゆえに、「自殺は、自らの意思によって亡くなったのだから、故意による事故として補償の対象とはならない」とされてきた。だが遺族たちと裁判で争う中で、労働省（当時）は、「精神障害を発病した方が、自分の意思で亡くなっているのではない。正常な認識とか、行為選択能力が著しく阻害されているなかで行っているのだから本人の意思とは違う。その病気にさせた仕事、長時間労働や上司のパワハラこそが原因なのだ」という判断基準へと認識を改めざるを得なくなった。そうした動きは過労自殺を取り巻く情勢にとって、確実に追い風となった〈註10〉。

二〇〇一年にはまた、脳・心臓疾患による過労死について、発症前おおむね六カ月間の長期間に及ぶ過重業務も評価の対象にするという、現行の認定基準が設定された。

ところで、過労死・過労自殺という現象自体は日本に限らず、世界中に広く見出される。そこで次には、過労死・過労自殺をめぐる海外事情にも目をとめておきたい。

過労死・過労自殺をめぐる海外事情

長時間労働とそれにともなう健康状態の悪化は、日本のみならず多くの国々でも問題となっている。たとえば中国では今日「９９６（一日九時から二一時まで働く一二時間労働を、日曜を除く週六日間休まず続ける)」など、長時間に及ぶ過重労働が大きな問題となっており、そのあげくの死は「過労死」と呼ばれる。アメリカでも、ハイテク企業ではエナジードリンクのレッドブルを飲んで徹夜をやり遂げるといったように長時間労働が常態化し、その結果、過労死・過労自殺を遂げるケースが多く見られる。以下、アメリカの組織行動学者ジェフリー・フェファーに依拠し、幾つかの事例を紹介する。

シリコンバレーでは常時、医療機関の検診車が巡回している。理由を尋ねると、サービスの責任者は次のように答えたという。〈註11〉

患者の中には、診察を受ける間もモバイル端末を手放さない人がいる（中略）三〇歳のエンジニアたちの肉体年齢は五〇歳だ。腹は出て背骨は曲がり、顔色はどす黒い。関節が痛み、活力がなく、糖尿病と心臓疾患のリスクが高い」とされるほどであった。

アメリカの主要テレビ局でニュース番組のプロデューサーを務めてきた男性は、自身の働き方を次のように回顧している。〈註12〉

睡眠不足のせいで、ボクは三重苦に陥った。甲状腺機能低下、運動不足、ひどい食事だ。まともな食事をする時間なんて、ない。朝六時半には現場に行かなくてはならないんだ。するとえーい、ポテチで済まそう、ということになる。あれなら自動販売機で買えるからね。二〇〇八年にシニアプロデューサーになって、もうこれ以上は無理だと二〇一二年に辞めるまでに、ボクは三〇キロ近く肥った。代謝が低下して、身体を健康に保つはずのすべての機能がだめになってしまった。

彼らがそこまで無理をするのは、出世して、途方もない報酬と権力を手に入れたいからである。そのためには、この程度の犠牲は当然と考える風潮があるからだという。それゆえ、葬儀の場でさえ、次のような光景が見られた。〈註13〉

葬儀に列席した弁護士のうちかなりの人が、スマートフォンにかがみ込んでメールを読み、返事を打っていた。友人でも同僚でもあった人が過労で死んだというのに、弔いの言葉が述べられている間でさえ、彼らは働くのをやめられないのだった。

ネットには次のような投稿もうかがえる。

電子端末機の普及により、いつでもどこにいても会社と繋がっている状態となり、常に呼び出しに応じられる態勢でいなければならなくなった。

週末にメールが来た。夜の一一時に。もし三〇分以内に返事をしないと、二〇人ぐらいから返事はどうした、と責められることになる（中略）このところボクは三、四か月ぶっ通しで、仕事を片付けるために金曜、土曜、日曜の朝の三時か四時まで起きている。平日は毎日一〇時間以上

働いたうえで、だ。〈註14〉

クリスマスイブの夜にメールが来たときのことは忘れられない。私は翌朝八時に返事を打った。クリスマスの当日だ。するとあるエグゼクティブから、どうしてこんなに時間がかかったんだ、と怒られた。君はもっと機敏に対応しなければならない、とね。〈註15〉

このようにオフの時間にまで仕事が侵入してくる状況に対し、フランスでは二〇一六年に、「つながらない権利」を織り込んだ法案が可決された。

ＩＴ化の進展とグローバルスタンダードの浸透により、長時間労働に起因する睡眠と栄養の不足、そして身体が悲鳴を上げるような過重労働にさらされて、海外の労働者たちもまた過労死・過労自殺する一歩手前の状況に追い込まれていることがわかる。日本だけでなく、世界の至る所で職場は既に疲弊し切った状況に置かれている。それでも既に述べたように、ＫＡＲＯＳＨＩが国連人権小委員会の議題に取り上げられたり、海外ＮＧＯから国際人権条約違反として批判の的とされたりするほどに、常態化した日本の過労死・過労自殺は世界の基準からすれば際立って異常な現象と認めなくてはならないだろう。

次節では再び日本の現況に目を転じ、従業員を疲弊させ、過労死・過労自殺へと向かわせる契機となった「働き方」について考えてみたい。

単能労働の呪縛

従業員は自分の仕事に対し、どんなイメージをもって取り組んできたのだろうか。精も魂も尽きるまで全力を注いだ仕事でも、斃れてしまえば、結局誰かに取って代わられる。替えはいくらでもいるのだ。もちろん、特殊な技能や能力を問われる種類の仕事もある。だが一人が欠けたら、他の一人に取り替えられることに変わりはない。つまり労働の質にかかわらず、そこには反復性や常同性といった性格が内包されている。これを本節では「単能」と呼ぶことにしたい。

二つの働き方

仕事に内包されるいかなる性質を指して「単能」と呼ぶか。ここではまず、対義語としての「多能」について考えてみたい。そうすることで、「単能」との決定的違いが浮かび上がる。

「多能」を一言でいうと、それは自身がなす仕事の全体像を構造として俯瞰し得る職人的能力のことである。職人とは、仕事全体の設計図が事前に頭に入っており、複雑な過程から成る完形品の一部分を見ただけで、頭の中で各過程相互の連関性を明確に再現することができ、前後関係をたどりつつ、そのまま全体を復元する技能をもった仕事人である。つまり職人には、自分の仕事の行方を見通しながら仕事を完結に導くことのできる能力がある。

また、「多能」を備えた職人の特徴は、以下のように、経済史学者・尾高煌之助の提示した四つの条件にもあてはまる。〈註16〉

第一に、道具、設備などが私有となっていること。

第二に、自分の腕前、すなわち技能〈註17〉の良し悪しが仕事の出来栄えなどにより客観的に判断され、さらに、その結果に応じて個人に対する社会的評価がされること。

第三に、職人たちが作業の所作やその際に要する微妙な調整具合を完全に自分の身体に叩き込み、なじませるまでに見よう見まねで覚えるための数年間の「徒弟修業」の期間を要すること。

第四に、これが決定的に重要となるのが、仕事の決定が作業する本人の裁量にまかされること。

自身の技を多能的な「職人」の域にまで磨き上げるには、「師匠」の存在が不可欠である。そして「徒弟修行」の歳月を通し、自前で揃えた道具や設備を駆使して、これを意のままに使いこなせるよう作業の全工程を自分の身体に刷り込ませねばならない。また「職人」は、仕事を自分のペースで進めることができ、基本的に時間や納期には縛られない。少量生産に留まるため、仕事の決定権は供給者の側にあり、消費者は職人の裁量や都合に全てを委ねることとなり、仕上がりを何年も待たされることも稀ではない。

一方、それだけに、仕事の出来栄えに対する責任はそのまま職人の仕事に対する評価＝「信用」として、自身に直接はね返ってくることになる。「多能」という仕事の性質上、他の誰かに肩代わりしてもらったり、部分的に作業を担わせたりすることもできない。責任は全て一人でかぶらなければならない。全ては自分の腕次第なのである。

翻って「単能」は、これと対照的な仕事のあり方である。

「単能」とは、規格品（機械部品や既製品など）の生産のための反復作業を行なう工場に範を取った近代的な労働に対応すべく、獲得された能力のことである。作業では与えられた仕事（工程）のみをこなせばよく、職人のように仕事全体に対する設計図まで頭に入れておく必要がない。単能労働においては、ひとたび自分の手を離れた仕事の行方にまで配慮する必要がないのである。その典型が「職工」という職種であり、その条件は以下の四つである〈註18〉。

第一に、会社や企業に雇用される存在である。仕事道具（機械類、パソコンなど含む）は自前で購入したり自作したりする必要がなく、必要経費として雇用者からあてがわれる。

第二に、身に付けるべき技能は、規格品の大量生産という目的に対応している。よって、労働成果に対する社会的評価は本人の技能に対するものではなく、会社・企業がどれだけ大量生産し、収益をあげたか、という雇用者側への評価で示される。また労働への報酬は、職人のように一つ一つの仕事への対価として支払われるのではなく、雇用主からの「俸給」という形をとる。

第三に、技能習得は、職人のように徒弟修業を通してではなく、「就職」をへて配属された職場（所属部署）での体験を通じてなされ、時に昇級試験等によっても評価される。

第四に、仕事は分業化されており、その全てが会社の管轄下に置かれ、限定された決定権以外は個人裁量に委ねられることはない。

続けて、以下の三点を付け加えておく〈註19〉。

第五に、工場での作業は長時間にわたる集団的共同作業を基本とし、そのための「規律への服従」が不可欠となる。

第六に、読み書き、算盤はもとより、生産のための新たな道具として高度な機械を操作する必要上、科学的知識に裏付けられた「必要最低限の基礎学力」も要求される。

第七に、新卒の若年層には技能習得を目的とした訓練が実施され、結果、「個人技能」に加えて、分業を円滑に進めるのに不可欠とされる相互補完的な「チーム（班）技能」を獲得しなければならない。

「個人技能」には肉体的な資質も必要だ、それ以上に求められるのが職人的なコツや勘である。これは熟練を通じて新たに技能化された機械操作や素材の取り扱いなどに関わる個人的技量のことだが、そこで駆使される科学的知識の修得も前提条件となる。

一方、「チーム技能」とは、そうした個人技能を踏まえた上に、分業的協業という工場の作業特性と密接に関連したさらなる熟練によって、獲得された技能を指す。具体的にはそれぞれの作業工程や作業部門に応じて、互いの作業を連携させるのに不可欠な熟練を要する技能である。この場合、作業遂行上、不可欠なのが統括役としてのリーダーの存在である。このような「チーム技能」の存在は、作業従事者である「職工」と呼ばれる人々の労働を、職人のそれとは異なる「知的な緊張に満ちた作業」にしている。

このように職人とは明らかに差異化された「職工」の技能とは、作業全般に対する責任をともなわない、個人であれチームであれ、その技能が全体の一部にすぎない「単能」にとどまるのである。「チーム技能」の場合、所属する班や生産の方針などが変更されれば、それまで身に着けた技能は一切無効となり、一から学び直しとなることから、これもまた単能の域を出るものではないのである。

このような「単能」の出現は、その後の労働の方向性を規定し続けてきた。

変質する多能

職工の単能は、会社や企業が立てた生産計画の枠内で、一切のムダを省いた流れ作業の中でこそ発揮されるものであった。やがて高度経済成長の到来にともない、激化する国際市場争奪戦を生き抜くための生産達成という組織目標のもと、会社・企業はさらにそぎ落とせるだけのムダな動きを一切そぎ落とさせる管理体制を敷いた。単能は、ひたすら全体の一部に徹し切る技能としてのみ磨き上げることが目指された。

周知のように、高度成長の牽引役を果たしたのは製鉄業と自動車産業である。そこで次には製鉄業と自動車産業において、上記したような管理体制の実施が職工たちの単能にいかなる変化をもたらしたかを見ていきたい。

戦後、官営から民営に移管された八幡製鉄所は、戦後の混乱が終息し、やがて朝鮮戦争（一九五〇～五三年）が始まると、国策に連動した技術革新による合理化計画に着手し始めた。わけても完全な機械化による労働時間の大幅短縮を目指した第二次合理化計画（一九五六～五九年）は、最も重要な転機となった。労働時間の短縮が余剰時間を生み、職工たちはその余った時間を他部署と兼任するよう指導されるようになった。つまり労働時間の短縮によって、かえって職工の労働密度が高まったのである。これに追いつけない者たちは「余剰人員」とみなされ、続く第三次合理化では容赦ない人員整理にさらされることとなった。そうした事態を忌避し、自分の技能の有効性をアピールするために、職工たちは工場内のいくつもの職種を掛け持ちすることを余儀なくされた。

さらに複数業務の掛け持ちを可能とするには、それだけ多種にわたる免許（資格）の取得が必須とされた。鋼を薄く延ばす圧延作業を例に取れば、原料となる鋼板を運搬するリフトカーの運転手は、機械化にともなう素材の組み換え時間の短縮により、生じた余剰の時間を起重機の運転手として兼任しなくてはならない、といった具合にだ。このように職工たちの負担はかえって増すばかりとなった。

似たような状況はトヨタ自動車でも見受けられた。トヨタの自動車工場に半年間、季節工として勤めた経験を持つノンフィクション作家・鎌田慧によれば、一九四九年に始まった会社の合理化は、ある工場長の提示した作業計画により進められた。それは「作業基準時間」を算出し、「能率」測定により作業管理を行なうというものだ。

まず労働時間を「人工時間」と「機械時間」に区分し、機械を用いた作業時間＝「機械時間」は、厳密な意味での労働時間＝「人工時間」には組み入れられないことになった。以前には機械操作の合間に職工たちの「手待ち時間」（タバコ休憩など）が設定されていたが、これが無くなり、代わりに他の機械まで担当させられることになった。こうした労働強化により職工たちには複数の機械を均等に使いこなす技能までが求められるようになり、その修得には実に一年を要したとされる。〔註20〕

以上の事例は、合理化政策によって求められるようになった新たな技能のあり方が、一見すれば、従来の単能的なものから多能的なものへと変化したように映る。だがその技能は、一つの製品を作り上げる上での体系性を有した職人的な多能とは異なるものだ。どれほど複数の部署を担当し、器用に切り盛りできたとしても、その個々の作業内容が出来上がったモノの全体像を構成するわけではない。そこで発揮される多能は、あくまでも単能の集積の結果としての多能、すなわち「単能的多能」にすぎないのである。

単能に呪縛された労働

トヨタ自動車では全作業が機械化され、「自働化〈註21〉」された機械を作業工程順にラインに配置し、「ジャストインタイム（必要な分を必要な時に必要な量だけ作る）」で顧客に提供する、いわゆる「トヨタ生産方式」が敷かれたことで、連続的生産方式が確立した。これにより、「労働者たちは、機械と機械の間を歩き回りながら、機械を使うのではなく、機械に奉仕することになった」と、鎌田は指摘する〈註22〉。

このように尊厳なき労働環境へと変貌した職場状況を、鎌田は「絶望工場」と名付けた。

そうして単能化を余儀なくされた職工たちは、仕事と仕事する自己が折り合えないジレンマにさいなまれることになる。同じものづくりでも職人とは違い、仕事の意味が自己完結できない飢餓感、出来上がったものに自分の手応えが反映されない虚無感などが、そこには見出される。

労働者が抱くそうした自己疎外感について、アメリカ人ジャーナリストのスタッズ・ターケルは製鋼所のある中堅労働者に取材する中で、その労働者が次第に労働意欲を喪失していく経緯を、以下のごとく克明に述べている〈註23〉。

全身汗まみれでくたくたになるまでして運んだ鋼材の行方を、「何がどこへ行くやらさっぱり分からない」と一人ごちる彼は、内奥から湧き上がる正体不明の不安を打ち消すために、自分の運んだ鋼材がいかなる場所で建築鋼材として用いられようと、一目で自分の仕事と分かるように小さなへこみを刻んでおくのだという。彼は、自分の仕事をピラミッドの石になぞらえ、このささやかなる抵抗に対して胸を張り、「おれはピラミッドに名前を刻みたいとおもうね」と高らかに宣言するのだ。

悠久の建造物ピラミッドに、彼は名もなき無数の人間たちの労働の痕跡を見出すべきだと考えている。一つの建造物を作り上げるために身体を酷使して労働したにもかかわらず、名を残すことのできない自分の境遇を、そこに重ねて見るからだ。だが小さなへこみを刻むことは、無名の一労働者にとって、偉大なる建造物がこの世に存在し続ける限り、彼の名もその疵とともに恒久的に残されることにほかならない。それが彼が自分の労働に対して付与しうるささやかな慰労であり、矜持である。

彼はさらにターケルに向かって、次のように語る。これは労働の本質をつく一言として、傾聴に値する。

誰もが、指さすことができる自分の仕事をもつべきなんだ。

彼のこの切実な主張は、単能ゆえに大量生産という社会のしくみに翻弄される職工たちの憔悴し切った現状を、逆説的に投影している。つまり機械から機械を飛び回るという歯車的な絶望工場という労働環境が、職工たちから働く主体としての矜持を奪っていることの裏返しなのである。

これは現在のサラリーマンにもあてはまる。用いる道具はパソコンに取って代わられたが、パソコンを用いて求められる技能は、反復性・常同性において職工のそれとさほど変わりがないだろう。

一例として、国民的アニメ「サザエさん」のあるシーンを取り上げてみよう。

サザエさんの息子タラちゃんが、父親のマスオと祖父の波平に向かって、「サラリーマンの仕事って何ですか？」と質問する。二人は毎日繰り返される仕事の風景を頭に浮かべて、いざ応えようとするも、「書類を作ったりして、また書類を作ったり……」とつぶやいたきり、言いよどんでしまう。自分たちがなしている仕事の内容を具体的に明示できず、返答に窮してしまうのだ。〈註24〉

前出のアメリカ人労働者が吐露した「誰もが、指さすことができる自分の仕事をもつべきなんだ」という言葉は、都市部のホワイトカラーにもいえることなのである。マスオも波平も「指さすことができる自分の仕事」を、タラちゃんにはっきりと言って聞かせてやることができなかった。

A社の書類の作成を終えたかと思えば、次はB社の書類作りに取り掛かるというように、来る日も来る日もデフォルト（基本動作）に沿った作業が反復される。そうした状況下では、自分が作成した書類が会社全体の事業に照らしてどのような意味をもつのか、作成者である自分自身に見えていない、分かっていないという自己疎外が生じる。その意味では、現在のサラリーマンの仕事も、職工のそれと近似した歯車的な単能的多能であるといえよう。今日、我々に課されている労働は、それほどまでに単能の呪縛にからめとられているのである〈註25〉。

では、こうした単能に適合し、その効果を最大限に活用しようとする労働のあり方とは、どういうものであろうか。次節では「マニュアル」という視点から、単能という労働を位置付けていくことにしたい。

マニュアル洗脳術

マニュアル労働＝単純労働？

「マニュアル労働」という問題に触れる前に、まずマニュアルとはどのようなものであるか、説明しておく必要があるだろう。おそらくマニュアルという言葉から直ちに連想されるのは、会社で定められた基準、すなわち仕事上遵守すべきルールや、修得すべき事項およびその手順といった、行動（ビジネス）する上での基本が記載された文面ではないだろうか。だが、企業や団体が主催するマニュアル講習会の参加者たちへのアンケート調査によれば、マニュアルを「トリセツ（取り扱い説明書のこと）」と捉える見方が強いという。〈註26〉つまりパソコンや携帯電話などの購入時に付いてくる手引書程度のイメージである。

あらかじめ決められた同じことを繰り返す仕事しかできない人間は、「マニュアル人間」と揶揄して呼ばれることがある。ひとたび設定されたマニュアルは容易に変更がきかないが、こうした限界性は裏を返せば、仕事を効率的に進める上では役に立つ。マニュアルには作業者の行動を分解し、それに基づき最も効率の上がる作業標準が設定されているからだ。

マニュアルを用いた作業は、一九世紀後半、米国のフレデリック・テイラー（一八五六〜一九一五）が開発した、生産性向上のために編まれた手法に始まるとされており、創始者の名をとり「テイラー・システム」と命名された。テイラーは熟練者の作業動作を分解し、それをもとに、科学的な観点から作業効率を向上させるための作業手順書を作成した。「テイラー・システム」によって、未熟練工と熟練工との作業における差が縮減され、全体としての生産性の向上が短期間で実現されたといわれている。

「テイラー・システム」は、現在のマニュアルの原型と考えられている。その手法は科学的管理手法として世界中に広まり、事務や小売など、あらゆる作業現場で活用されることとなった。日本で企業活動にマニュアルが取り入れられた時期は不詳だが、七〇年代にアメリカ式のサービス技術が導入されたことと関連があると考えられる。初めはマクドナルドなどの外食産業、次いでセブンイレブンなどのコンビニエンス・ストアといった小売業、ホリディ・インなどのホテル業・サービス業を中心に、マニュアルは普及していった。

マニュアル導入の背景には、以下のような現状があったとされる。〈註27〉

日本のサービス産業がアメリカのサービスノウハウの導入に熱心でなかったのは、それがなくとも日本流でうまくいっていたからである。（中略）しかし、このところ、こうした日本式サービスへの自信もだんだん揺らいできた。質の良い従業員を育てるのが難しくなったからだ。（中略）このように旧来型のサービス産業の従業員のサービスぶりは、以前に比べるとずっと悪くなった。そこでアメリカ式サービス技術の必要性が出てきた。アメリカ式サービス技術の最大の特徴は、従業員の質を選ばないことだ。労働、人種、言語、人格を問わず、同じような感じの良いサービスが出来る従業員に仕立て上げる技術である。マニュアルは、まさにこのための道具である。（中略）アメリカ流のサービスがはっきり示したのは、サービスにはコストがかかるし、これを惜しんではいけない。サービスをよくすれば、それだけ価格をあげてもお客はついてくる、という考えだった。

一九八〇年頃になると、マニュアル作成を専門とする通称「マニュアル屋」と称する人々が企業内に登場する。バブル期の職場では、既に、成果を上げるためのマニュアルの重要性が高まっていたことがうかがえる。さらに近年は、現場で常に結果を出している人々、すなわち「ハイパフォーマー」たちの行動を分解し、誰にでも出来るように、最も効率的な標準を組み上げることで優秀な成果を発揮させることを意図したコンピテンシーに基づくマニュアルが、各企業で採用されるようになっている。ちょうどこの時期に「マニュアル屋」となり、以後、マニュアル制作会社を経営してきた工藤正彦によると、誰にでも代替可能なマニュアルとは、以下の四つの条件を満たしているものだという。〈註28〉

①　誰が読んでもわかる
②　理解・イメージが同じ――他の解釈ができない
③　誰がやっても同じようにできる

④　成果物（アウトプット）が同じ

以上から、マニュアルに依拠した労働（英語名：manual labor）の特徴については、次のようにまとめることができる。

すなわちそれは、短期間の訓練によって修得が可能で、特に専門的な知識や技術を必要としない労働である。ゆえに、誰にでも代替可能な「単純な労働」とされる。実社会では短期間で仕事が出来るようになれる人は「頭が良い」と見なされ、そのような人物であることが期待されている。ちなみにアメリカではこれを「ストリートスマート」と呼び、逆にいくら頭が良くても、作業手順の呑み込みが良くなければ「頭が悪い」、使えない「スクールスマート」と見なされる。つまり頭で考えて理解するより、同じ作業を反復して出来るよう身体に覚え込ませるマニュアル労働が、企業で働く人々、ことに未熟練のアルバイトや新入社員たちに適合した働き方として求められているのである。

たとえば、それはどのようなマニュアルなのか。仮にあなたが接客業をしているとして、次のような場面を想定したマニュアルが示される。顧客とのやり取りではさまざまな予期しない状況に遭遇することが考えられる。以下のような接客場面を想定した場合、どのようにすれば顧客に満足してもらえるだろうか。前出の「マニュアル屋」工藤正彦は、それを次のようにマニュアル化してみせる。（註29）

コートを着た女性のお客様が来店した、スタッフであるあなたは、お冷を提供しなければならない。どのような行動を取ればよいいか？

このような場合、いきなりお冷を提供するのではなく、
第一に、「店の奥から明るく大きな声で『いらっしゃいませ』と挨拶する」
第二に、「お客様が席に着き、コートを脱ぎ終わるのを待って、お冷を持って待っている」
第三に、「その後、席まで行き、落ち着いた声で『いらっしゃいませ』と挨拶してお冷を席に置く」

そうすれば、顧客はお冷が来るのをのんびりと待ちながら、安心してゆっくりとメニューを開くことができる。このように接客にともなう行動を分解し、統合するマニュアルがあれば、それを活用し、新人でもベテラン同様、極めてスムーズな接客が可能になるのだ。

ちなみにマクドナルドでは、「シックス・ステップ」という接客マニュアルが採用されており、次の六つの段階は全世界で共通のものだという。〈註30〉

第一に、挨拶（いらっしゃいませ）
第二に、注文を受ける（何にいたしましょうか）
第三に、注文を取りそろえる
第四に、注文品を差し出す
第五に、現金の授受
第六に、感謝と再来の挨拶（ありがとうございます、またどうぞご利用下さい）

従業員は、このようなマニュアル労働を通して与えられた仕事（行為）を分解し、それが再び順序

立って一連の行為に統合されることで、接客を自分の仕事として技能化することができるのである。工藤は、技能化に成功したある企業の部門スタッフの感想を、これぞマニュアル屋冥利につきるとばかりに、次のように書き留めている。〈註31〉

マニュアルをもらって、それで仕事をしてみて、私の仕事ってこういうことだったのかと、本当にびっくりしました。

しかしながら、マニュアルが労働者たちに与えうるのは、あくまで「与えられた仕事」に関する技能化に限られ、仕事に対する達成感の喜びは一時的なものにすぎない。それは複合的に連関しあった業務体系の一部にすぎず、「自分に直接関係しない仕事」を含んだ全体の構図の中で、与えられた仕事の意味を体系的につかんだことにはならない。その意味において、マニュアルは単能的多能を生み出すに留まるといえよう。

ただし、そこには逆の意味での効能もある。現在、他者とのコミュニケーションに苦手意識をもつ若者が増えているといわれる。彼らはアニメなどの二次元世界の存在には対応し得るが、現実的な人間相互のやり取りを苦手と感じている人々である。あるいは「指示待ち族」と呼ばれるような若者たち。そうした対人関係に難点を抱える人たちにとり、マニュアルは閉ざされた社会関係を開くのに有効なコミュニケーション・ツールとして役立つ側面もあると考えられる。

主体を奪うマニュアル

マニュアル労働による単能的多能は、当の労働者から働く主体としての存在意義を奪い取る。たとえばパソコンを用いた業務に、それは端的に表れている。

どんなにウインドウズに関する知識に優れ、その扱いに習熟しても、マッキントッシュには通用しない。その逆も同じである。また、ウインドウズ内蔵のワードやエクセルといったソフトを使いこなしていても、パソコン機能の全体を熟知しているわけではない。業務上、求められるタスクだけをルーティーンで駆使するだけで、画面上のタスクバーには使ったことのない幾つものタスクがあり、キーボードにもまだ触ったことがないキーが並んでいる。今自分が向かっているパソコン作業が、会社業務の全体的な見取り図の中で、いかなる部分を担っているかに関わりなく、ただマニュアルに記載された要求に従い、必要なだけのタスクを使い、キーを打つ。パソコン仕事では、マニュアルから少しでも外れた作業をすると、たとえばキーボードの普段使わないボタンを触りでもしたら、それまで積み上げてきた画面上の成果が一瞬にして消えてしまう。そうしてまた一からやり直すのは非効率極まりない。だから効率的に業務をこなすには、ただマニュアルに沿って機械的に仕事を処理するのが、一番安全なやり方である。

マニュアルに沿ったパソコン仕事に要される「単能的多能」は、飲食業にも見出される。飲食業のスタッフは大きく調理場とホールに分けられるが、ホール・スタッフの場合、客を席に案内する、オーダーを取る、配膳と片付け、レジでの精算などが主な業務となる。だが一見して、どの店でも同じように見られるその一連の流れは、会社によって異なっている。たとえば同じ牛丼チェーンでも、「早くて安い」をモットーとする吉野家の調理場やホールで覚えた技能は、松屋では全く通用しない。両社のマニュアルが異なるからだ。牛丼を作る作業手順も客に対する接し方も、それぞれ社で定められたマニュアル通りに行なわれなくてはならない。いくら業種が同じでも、A社からB社に移れば、再度学び直さねばならないのである。同様のことは、たとえばマクドナルドからモスバーガーに移った場合にもいえる。

マニュアルにはまた、ひとたび設定されると改変しにくいという限界もある。

マニュアルで有名な企業といえば、総数四〇〇種以上にものぼるマニュアルを部署ごとに完備しているディズニーがあげられる。夢の世界を楽しむゲストを喜ばせるために、「キャスト」と呼ばれる従業員たちの動きの全てをショーの一部に組み入れるというコンセプトにより、服装と立ち居振る舞いはいうまでもなく、場面場面の細やかなセリフに至るまで、マニュアルに沿うように決められている。たとえば、マニュアルの中には、「キャストはゲストに出来るだけ話しかける」というものがあり、キャストはマニュアルに従い、自分たちで工夫して様々な会話のパターンを作り出しており、アドリブでゲストにかけた言葉がそのまま定着したものもある。だが多くの場合、アドリブや、セリフをめぐる突発的事態は、改変しにくいマニュアルの性格上、かえってキャストを当惑させ、客のために演出しているはずの夢の世界を、自ら危ういものにしてしまう。たとえば次のようなエピソードのように〈註32〉。キャストは客と出会い頭にこう語りかける。

「何家の人ですか」というパターンも定着化したアドリブのひとつだったのだろう。だから、ある家族が「何家」を「何県」と聞き違えて、「東京都から来たんだよ」と答えると、もとのシナリオに戻すのにしどろもどろになったりする。

従業員たちは各自に与えられた「キャスト」のペルソナ（自身の本来の人格とは異なる〝仮面〟）をかぶり、決まった動作とセリフを反復することで、夢の世界の物語を紡いでいく。そこに思いがけないアドリブが入り込む瞬間、その夢の世界は壊れそうになる。そんな時、自分たちは労働する主体としてでなく、いわゆる「ディズニー人間」として、仮想現実の中で与えられたキャストを演じていただけだったことに気づかされる。

労働する主体という観点からすれば、先に例示した飲食業などでも、ディズニーの「キャスト」と同じような人間疎外が生じている。調理場の作業では、調理員たちは「美味しく」作ろうという主体的な意味からではなく、ただマニュアルに従って、セントラル・キッチンから運ばれた調理済みの冷凍食品やパック詰め食材を温めて、盛り付けているにすぎない。もし、ある意思をもってマニュアルにないやり方で調理すれば、どの店舗でも、誰が調理を担当しても同じ味が提供できるという、サービス業のセールス・ポイントが崩れてしまう。そこに前提としてあるのは、調理員は自分が行なう労働から、主体的意思を疎外しなくてはならないということだ。マニュアルに依拠した単能的な労働は、効率をよくし、経済活動の回転率を上げる一方で、働くことの生き甲斐を労働者たちから奪うものでもある。

ところで、夢の世界を仮想することで、従業員たちがその中の「キャスト」になりきり、夢中になって働いてしまうディズニーのマニュアルは、サービス業界ではその汎用性の高さで知られていた。ディズニーの接客技能は、開業からわずか三カ月という早い段階で、各地のスーパーやデパートの販売担当者から、従業員の客扱いや運営、管理法のノウハウとして参照されるほど重要視されていた。[註33]そしてディズニーを通して習得された接客技能は、マニュアル化されてサービス業界に導入され、他のサービス業にも次々と波及していったと考えられる。

それでは以下に、ディズニーのマニュアルがどのようなものか、具体的にみていこう。

ディズニーの魔法のマニュアル

一九八七年にアルバイトで入って以降、一〇年近くディズニーに勤めた経験を持つ香取貴信によれば、ディズニーではゲストを楽しませながら、もてなすスタッフの側も「キャスト」としてふるまいながら働くことに夢中になる、まるで「魔法」のような仕掛けがあるという。その「魔法」にかかると、どんなに些末な仕事であっても、そこに働くことの意味を見出し、自ら進んで仕事をする人間に変貌していくらしい。事実、与えられた仕事への認識を改めた瞬間が、香取自身にもあったという[註34]（傍点・引用者）。

香取はトレーナーが発した言葉を書きとめている。

俺たちの仕事は、ただパレードの準備をして、あとかたづけするだけじゃないんだよ。「一緒にパレードをつくってゲストに喜んでもらえる仕事なんだ」っていうことだよ。このパークの素晴らしいところは、パレードを見にきてくれたゲストが喜んでくれることで、スタッフも喜べる仕事ってこと。人の喜んでいる姿を見て、自分の幸せにつながる仕事って、なかなかないでしょ。（中略）俺たちの仕事の素晴らしさを体験してもらいたかったんだ。人間、最初に受けた感動は絶対忘れないから。

これを聞いた瞬間、それまでただの「パレード交通整理係」としか思っていなかった仕事に対する醒めた認識が、大転換を遂げたという。たとえどんなに些末な仕事でも、その中に常に喜びを見出していく積極的な姿勢へと変えられた。その「喜び」とは次のようなものである。

だって、人が楽しんでいるところを見て、自分も素直に楽しめる仕事なのですから。

また、別の上司からは次のような言葉をかけられた〈註35〉。

あのね香取、〝サービスは掛け算〟なんだよ!!　ゲストがエントランスから入ってくるでしょ。そこでエントランスのスタッフに気持ちのいい笑顔で対応されるとするじゃない。その後、アトラクションでスタッフに一生懸命にサービスされて、気持ちのいい体験をするよね。そしてまた、ほかの場所で、ほかのスタッフに……。そうやってたくさんのスタッフにサービスされると、そのゲストの楽しかった思い出は倍に倍になってくるでしょ!!　だから〝サービスは掛け算〟なんだって!!

その後、香取はどんな仕事にも意味を見出し、積極的に取り組むようになっていく。だがそうした中で、近年の「ブラック企業」にも通じる一つの問題が持ち上がる。残業の在り方に対する認識の齟齬である。担当するセクションの人件費予算案の書類作成を命じられ、連日残業をしていたところ、上司にこう言ってとがめられたという〈註36〉（傍点・引用者）。

やっぱ、おまえ、残業の意味わかってないね!!　あのなあ、同じ課題を出されてて、俺やほかの人は終わってる。それで終わんないのは、作業量が本当に多いからなのか？　そんなに難しいからか？　それは、おまえの能力が足りないから終わんないだけだろ!!　それをおまえに残業代払って、勉強のために投資すんのか？　能力が足りないなら自分で勉強しろ!!　ここは現場じゃねぇーぞ。いつまでも時給感覚でいるなよ。

彼はこの上司の言葉に反発するのではなく、逆に「このときはじめて、仕事のなかにも、時給で考えなくてはならないものと、そうでないものがあることに」気が付き、納得する。以後、残業を「勉強するために残る」ものと認識し、自ら進んでサービス残業をするようになる。

前出の「サービスは掛け算」という上司の言葉が示すように、キャストの笑顔は客を笑顔にし、それがキャストにとっても喜びになるという連鎖反応を生む。こうして笑顔のサービスは、キャストと客の双方にとって喜びを倍加させ、客を魅了し夢の世界へのリピーターとすることで、企業にとっては倍々ゲームでの利益を生むのだ。そのためにはキャストたちを楽しく働かせて労働意欲を向上させ、ともに笑顔にあふれた仮想空間を体現するべく努力させる必要がある。日々マニュアルを念頭に置き、客に感動を与えられるよう、自分の役割を演じるために絶えず研鑽を積む姿勢が求められる。これを正社員だけでなく末端のアルバイトにまで浸透させることで、彼らを際限ない自分磨きに邁進させ、時給外の「勉強」へと駆り立てる。こうしてキャストたちは強い自己責任感で自らを糺す存在、「ディズニー人間」へと変えられてしまう。これはまさにディズニーに秘められた「魔法」であった。

だが、その「魔法」は、あらかじめ決められた呪文の中でのみ力を発揮する。つまりマニュアルの範囲内で、アドリブはその基本原則を壊さない程度に、ということだ。ある時、ウケを狙った香取がアドリブを使ってアトラクションのガイドを務めていたところ、新人と交代させられる事態になった。以下は、アトラクション終了後に上司から聞かされた交代の理由である。〈註37〉

俺たちはみんな、演技の勉強もしたことのない素人だろ。（中略）でもなんでそんな素人に、たかが五日間のトレーニングでやらせるんだと思う？　このアトラクションで必要なことは、どんなにヘタでもいいから〝一生懸命〟にやることなんだよ。

五日間という短期間での修得はマニュアルあってこそ可能だが、それは裏返せば、キャストたちが演技をより良くするために主体的に工夫する隙をなくすことであり、彼らをいっそうマニュアル依存にさせる。「ヘタでもいいから」というエクスキューズは、ヘタという自覚をもってマニュアル通りに「一生懸命」やれ、という意味である。これはキャストたちをマニュアル依存にさせる呪文である。同時に、演技の技巧より「一生懸命」さが大事なのは、それだけ「一生懸命、もてなされている」という満足を客に与えうるからでもあろう。

しかしながら、それで得られる技能はどこまでも単能に過ぎないし、客を笑顔にするためにどんなに一生懸命演じても、いつでも誰とでも取り替えがきくのがマニュアルというものである。[註38] 社会学者の宮台真司は次のように指摘する（傍点・引用者）。

> 例えばマニュアル化もそうです。これは企業の人事管理にも広範に採用されつつある流れで、マニュアルに従って役割を演じられれば「誰にでもすぐに務まる」ように業務をフォーマット化するわけです。（中略）こうしたマニュアル化の動きは、多人種構成に対処する米国での知恵に始まりましたが、いまではご存知のように、熟練労働者の比率を下げることで雇用の流動化を図り、人件費を削減するためにも、用いられます。

サービス残業すら正当化しうるディズニー独特の残業観や、マニュアル化を通じた従業員教育について、香取は「社会人としての考え方」と受け止めているが、彼にそう信じこませたのは、「お客様の笑顔のため」という「魔法」の呪文である。この魔法にかかっている限り、サービス残業は勉強であり、マニュアルに頼ることが「一生懸命」である、という倒錯した夢の世界にい続けるのだ。一方、魔法をかけた側にとって、それは「雇用の流動化を図り、人件費を削減する」ための手段にすぎない。魔法にかけられたキャストたちはディズニーのことしか考えられなくなり、主体性をスポイルされたマニュアル依存の会社人間に変貌する。会社にとってこれほど効率的なことはない。それがディズニーの魔法の正体である。だが、魔法にもいずれ解ける瞬間がやってくる。

夢の世界の魔法は解けるのか?

近年、単なる「ディズニー好き」ではやっていられないキャストたちの、その「労働者性」に直結するような労災が噴出しつつある。その一例が、パレード参加中のダンサーの怪我をめぐって起こされた労災訴訟である。〈註39〉

ダンサーたちは、ジャンプや回転など膝に負担の大きい動作を、野外の硬いアスファルトやコンクリートの上で繰り返す。夜間のパレードではさらに重装備で、バッテリーと電飾を仕込んだ道具を持ち、両膝の違和感と痛みを抱えながら、同じ動作をしなくてはならない。これほどの重労働にもかかわらず、「お客様」の笑顔のためにと、来る日も来る日も「笑顔」で踊り続けるのである。

だが会社側は当初、個人と雇用契約を結んだのではなく請負契約であることを盾に、ダンサーの訴えを突っぱねた。そして怪我は自己責任との一点張りで、むしろ「怪我をして動けないなら仕事を辞めろ」と冷たく突き放し、とどのつまり、契約期間が切れたとの理由で解雇してしまう。結局、二〇〇七年には労災認定されることとなるが、これを機に、会社側は同年四月以降、キャスト八〇〇人のうち九割を請負契約から雇用契約へと切り替えることになった。

一方、ただひたすら「お客様」の笑顔を得るためという組織目標のもと、アルバイトにも正社員と同等の職務遂行が求められたが、その大半は二〇〇〇年まで社会保険に未加入のまま見過ごされてきた〈註40〉。

当時、約一万二〇〇〇人のアルバイトのうち厚生年金の加入者はわずか約二〇〇〇人であったが、保険契約加入基準である「月一七日、一一二時間以上の雇用が二カ月間継続していたケース」を調べた結果、一六〇八人もの加入漏れがあったことが判明した。この一六〇八人は、いずれも勤務日数・勤務時間が正社員の四分の三以上であったことから、会社側は月一六日、週二八時間以上継続する場合を目途に直ちに加入手続きを進めたという。未納入の本人負担分は、総計で健康保険料も含め計約二億一千万円（一人当たりでは、数万円から最高で八〇万円）にものぼった。

また従業員の命にかかわる安全性という問題も持ち上がっている。二〇一五年、四六歳の清掃員（「ナイト・カストーディアル」と呼ぶ）がアトラクションの人工河川で溺死する事故が発生した〈註41〉。千葉県浦安署によれば、午前零時頃から他の作業員数人とともにゴンドラ乗り場の桟橋で水撒きなど清掃に従事しており、午前四時の休憩明けまでは姿が確認されていたという。休憩明け以降の足取りが不明なのは、当人にとっても、作業員仲間においても、マニュアルの遂行が不徹底だったことを意味する。つまり顧客向けの施設の安全対策は、鉄製の扉でも顧客が触れやすい部分はゴム製とするなど万全であっても、そこで働く側の命を守るためのマニュアル教育は肝心な時に機能せず、従業員たちの意識に浸透するに至らなかったのだ。事実、ナイト・カストーディアルたち（四〇代から五〇代）の新人研修は、全員がふてくされたように股を大きく広げて椅子に深くもたれかかったまま、はなはだしくは腕組みをして寝ている者もいるような中で行なわれたという〈註42〉。

他方、このような不当な扱いや危険な状況に置かれてもなお、会社に従い続けてしまうという魔法にかけられてしまうのはなぜだろうか？　キャストたちは上司の教えを「社会人になるための教育」と受け取っていたようだが、それは結果的に、健康も私生活も犠牲にして会社に服従することにほかならなかった。このような服従の姿勢をどのように捉えたらよいのであろうか。そこで一つのヒントとなるのが、フランス人思想家エティエンヌ・ド・ラボエシが唱えた「自発的隷従」である〈註43〉（傍点・引用者）。

> 信じられないことに、民衆は、隷従するやいなや、自由をあまりにも突然に、あまりにもはなはだしく忘却してしまうので、もはやふたたび目ざめてそれを取りもどすことなどできなくなってしまう。なにしろ、あたかも自由であるかのように、あまりにも自発的に隷従するので、見たところ彼らは、自由を失ったのではなく、隷従状態を勝ち得たのだ、とさえ言いたくなるほどである。たしかに、人はまず最初に、力によって強制されたり、打ち負かされたりして隷従する。だが、のちに現れる人々は、悔いもなく隷従するし、先人たちが強制されてなしたことを、進んで行うようになる。

また、なぜ彼らは自発的に隷従してしまうのであろうか。それは彼らが、いわば「社畜」の状態に置かれていたからであろう。スーパーマーケットチェーン「サミットストア」の経営者・安土敏は「社畜」について次のように説明する。〈註44〉

自分の会社のなかでの昇進のみに興味を持ち、話題は会社内の人々の噂話だけ。こうなると、もう会社から離れては生きていけない、まるで家畜のようなサラリーマン、いわば社畜ができあがる。（中略）社畜化したサラリーマンは、他のサラリーマンをも社畜にしたがる。彼にとっては、会社のなかだけに埋没しないで生きる同僚がいたのでは、自分の行動が正当化できない。それゆえに社畜化しない同僚は、許しがたい異端者であり、自らに対する批判者にも見える。

香取のテキストだけをもって、これを即「社畜」にあてはめることには慎重になる必要がある。しかしながら、ディズニーから別の会社に移ってからも、同僚たちを辟易させかねないほど、ディズニーで上司や仲間とともに「作った」仕事に対する「自慢話」を頻繁にしていたという香取の言動は、〈註45〉退職後も「会社から離れては生きていけない」というよりほかない。それればかりかディズニーの働かせ方マニュアルの伝達者として、同僚たちに魔法をかける役目をはたしていたことになる。

では、自発的隷従にしろ、社畜にしろ、結局何がそうした状況を生み出しているのだろうか。次章ではこの問題について、企業の柱と目される「企業理念」との関係から検討する。

【註】

〈1〉森岡孝二『過労死は何を告発しているか―現代日本の企業と労働』岩波書店、二〇一三年、四三頁。

〈2〉最初の報道は一九六九年で、朝日新聞大阪本社発送部に勤務していた二九歳の既婚男性社員がクモ膜下出血で死亡した事件である。

〈3〉森岡孝二・大阪過労死問題連絡会編『過労死一一〇番―働かせ方を問い続けて三〇年』岩波ブックレット、二〇一九年、一二～一三頁。

〈4〉一九八二年、マスコミにも取り上げられるようになり、連絡会の例会等を取材したNHKが、「夫が職場で倒れたとき」というタイトルでテレビ放映した。

〈5〉早くも一九八八年一一月には全国から一六件もの「過労死労災申請」がなされたことが、その大きな成果と言えよう。連絡会の活動は遺族の救済にとどまらず、過労死をテーマとしたシンポジウムや劇の上映など、啓発活動にまで及んでいる。

〈6〉二〇一八年度に成立した働き方改革法（二〇一九年度より施行）により、従来の三六協定に時間外労働の上限規制が設けられることとなった。だがその実体は、臨時的な特別の事情がある場合に限り、「特別条項付き三六協定」を結ぶことで月一〇〇時間（一日平均五時間）未満、複数月八〇時間以内、年七二〇（別枠の休日労働を含めて九六〇）時間以内の残業が認められるという内容だった。

〈7〉「過労死一一〇番全国ネットワーク」ホームページによる。

〈8〉厚生労働省都道府県労働局労働基準監督署パンフレット『脳・心臓疾患の労災認定』による。

〈9〉さらに二〇〇〇年の最高裁判決は、長時間労働等過重な業務により疲労や心理的負荷が過度に蓄積したことを過労死の原因と認定し、心身の危険が生じないよう過重労務を未然に防止することを、企業に対し義務付けた。これは遺族側の全面的な勝訴判決であった。

〈10〉森岡孝二・大阪過労死問題連絡会編『過労死一一〇番―働かせ方を問い続けて三〇年』岩波ブックレット、二〇一九年、一六頁。

〈11〉ジェフリー・フェファー、村井章子訳『ブラック職場があなたを殺す』日本経済新聞社、二〇一九年、一三九頁。

〈12〉ジェフリー・フェファー、村井章子訳『ブラック職場があなたを殺す』日本経済新聞社、二〇一九年、一五五頁。

〈13〉ジェフリー・フェファー、村井章子訳『ブラック職場があなたを殺す』日本経済新聞社、二〇一九年、一四一頁。

〈14〉ジェフリー・フェファー、村井章子訳『ブラック職場があなたを殺す』日本経済新聞社、二〇一九年、一四一頁。

〈15〉ジェフリー・フェファー、村井章子訳『ブラック職場があなたを殺す』日本経済新聞社、二〇一九年、一四二頁。

〈16〉以下の記述は、金子毅『八幡製鉄所・職工たちの社会誌』草風館、二〇〇三年、二一頁による。

〈17〉本書では、作業の手順とそれを現実に行なうことの意味を把握し、かつ作業全体を円滑に進める上で必要とされる知識を「技術」、この技術が熟練を通して肉体的に習得された状態を「技能」と定義し、この二つの意味を使い分けることにしたい。

〈18〉金子毅『八幡製鉄所・職工たちの社会誌』草風館、二〇〇三年、二二頁。

〈19〉金子毅『八幡製鉄所・職工たちの社会誌』草風館、二〇〇三年、二二〜二三頁。

〈20〉金子毅『八幡製鉄所・職工たちの社会誌』草風館、二〇〇三年、一一七頁。

〈21〉創祖と称される豊田佐吉が用いた概念で、自動化とは異なるトヨタ固有の造語を指す。機械がただ動く状態にあるだけでは、欠陥品（オシャカ）もそのまま作られてしまうことになる。自働化とは機械自体に知恵をつけることで、オシャカが出た時点で自動的に機械が停止し、後に続くオシャカを防ぐことが出来るようにする方法を指す。

〈22〉金子毅『八幡製鉄所・職工たちの社会誌』草風館、二〇〇三年、一一七頁。

〈23〉金子毅『八幡製鉄所・職工たちの社会誌』草風館、二〇〇三年、三二一～三三頁。

〈24〉サザエさん、「パパはライオン」七七五九話（二〇一七年三月二五日放送）

〈25〉一方で、社会学の山田陽子が指摘する新しい企業労働のあり方にも注視しておきたい。山田はシステムエンジニアやIT系の起業家への聞き取りにより、プログラマーたちの仕事観の変化を読み取っている。近年、マニュアルによる画一的で意志を持たない歯車的な労働となることを忌避し、自主的な勉強会などの交流活動に集う者たちが増えている。そこでは、納期やスケジュールについて効率的な時間管理を行なう方法やライフハック（ストレスを受けることなく生産性を上げるための仕事の方法）の実践を通し、主体的に仕事を楽しもうとする人々が登場するようになったという（山田陽子『働く人のための感情資本論―パワハラ・メンタルヘルス・ライフハックの社会学』青土社、二〇一九年、一八六頁）。

〈26〉工藤正彦『成功したければマニュアルどおりにやりなさい』実務教育出版、二〇一五年、八六頁。

〈27〉栗田房穂・高成田享『ディズニーランドの経済学』朝日新聞社、一九八四年、七九～八二頁。

〈28〉工藤正彦『成功したければマニュアルどおりにやりなさい』実務教育出版、二〇一五年、一〇九頁。

〈29〉工藤正彦『成功したければマニュアルどおりにやりなさい』実務教育出版、二〇一五年、五九～六一頁。

〈30〉栗田房穂・高成田享『ディズニーランドの経済学』朝日新聞社、一九八四年、八二～八三頁。

〈31〉工藤正彦『成功したければマニュアルどおりにやりなさい』実務教育出版、二〇一五年、四七頁。

〈32〉栗田房穂・高成田享『ディズニーランドの経済学』朝日新聞社、一九八四年、六五頁。

〈33〉栗田房穂・高成田享『ディズニーランドの経済学』朝日新聞社、一九八四年、二三三頁。

〈34〉香取貴信『社会人として大切なことはみんなディズニーランドで教わった―そうか、「働くこと」「教えること」「本当のサービス」ってこういうことなんだ』こう書房、二〇〇二年、八六～八七頁。

〈35〉香取貴信『社会人として大切なことはみんなディズニーランドで教わった―そうか、「働くこと」「教えること」「本当のサービス」ってこういうことなんだ』こう書房、二〇〇二年、一九〇頁。

〈36〉香取貴信『社会人として大切なことはみんなディズニーランドで教わった―そうか、「働くこと」「教えること」「本当のサービス」ってこういうことなんだ』こう書房、二〇〇二年、六〇〜六一頁。

〈37〉香取貴信『社会人として大切なことはみんなディズニーランドで教わった―そうか、「働くこと」「教えること」「本当のサービス」ってこういうことなんだ』こう書房、二〇〇二年、一七二頁。

〈38〉宮台真司『私たちはどこから来て、どこへ行くのか』幻冬舎、二〇一四年、三二八頁。

〈39〉『週刊東洋経済』二〇〇七年一月一三日号「特集　雇用破壊」、五四〜五七頁。

〈40〉『朝日新聞』二〇〇〇年八月二〇日、三八面「一六〇〇人が年金加入漏れ　東京ディズニーランドのバイト」

〈41〉『産経ニュース』二〇一五年一〇月二七日、「ディズニーシーの人工河川にアルバイト男性の遺体『ヴェネツィアン・ゴンドラ』清掃中に事故死か」(二〇二〇年七月一日アクセス、http://www.sankei.com/affairs/news/151027/afr1510270019-n1.html)。

〈42〉福島文二郎『9割がバイトでも最高の成果を生み出すディズニーのリーダー』中経出版、二〇一三年、九一頁。

〈43〉エティエンヌ・ド・ラ・ボエシ、西谷修監修、山上浩嗣訳『自発的隷従論』ちくま学芸文庫、二〇一三年、三四〜三五頁。

〈44〉安土敏『ニッポン・サラリーマン　幸福への処方箋』日本実業出版社、一九九二年、五一〜五二頁。

〈45〉香取貴信『社会人として大切なことはみんなディズニーランドで教わった―そうか、「働くこと」「教えること」「本当のサービス」ってこういうことなんだ』こう書房、二〇〇二年、二三〇頁。

II 企業理念のポエム化

企業理念というポエム

企業理念の登場

近年、日本では経営理念への関心が高まっている。戦後日本の経済成長は目覚ましいものがあり、企業は理念を掲げずとも、物を生産しさえすれば売れると言われていた。そのような時代には企業理念にさほど注目する必要がなかった。だがバブル経済崩壊後の「失われた一〇年ないし二〇年」とまで叫ばれた長引く不況が、企業に対し、これまでの経営の在り方を改めて問う契機となったと考えられる。うち続く業績の低迷にあえぎ、そこに様々な不祥事の続発が加わったことで、日本企業の信用は大きく失墜した。企業はサークル活動でもなければ、仲良しクラブでもなく、利益集団である。しかもその活動は社会に対して責任を負うところから、「社会の公器」ともみなされる。そこで株主や従業員などのステークホルダー（利害関係者）を含め企業を取り巻く様々な社会的関係に対して企業の哲学や理念を明確にし、その使命や方針を理解してもらう必要が新たに生じた。こうして短期の目標や計画、方針などとは異なる、企業としての存在意義を明確に示す「企業理念（経営理念、ミッショ

ン、社是等とも称せられる）」に焦点が当てられるようになった。〈註1〉

とはいえ、「企業理念」という概念自体はそれ以前よりあった。実際、企業理念が産業界や学会で取り上げられ始めたのは、一九五六年に経済同友会が「企業の社会的責任」を主張したことが嚆矢だという。〈註2〉そして、日本企業の中に、本格的な経営理念の確立をうながしたのは松下幸之助である。松下は著書『実践経営哲学』（ＰＨＰ出版、一九七八年）の冒頭で次のように述べている。〈註3〉

そして、その体験を通じて感じるのは経営理念というものの大切さである。いいかえれば〝この会社は何のために存在しているのか。この経営をどういう目的で、またどのようなやり方で行なって行くのか〟という点について、しっかりとした基本の考え方を持つということである。事業経営においては、（中略）一番根本になるのは正しい経営理念である。それが根底にあってこそ、人も技術も資金もはじめて真に生かされてくるし、また一面それらは正しい経営理念のあるところから生まれてきやすいともいえる。だから経営の健全な発展を生むためには、まずこの経営理念を持つということから始めなくてはならない。

松下の思考の根本原理によれば、企業理念とは経営活動の基本をなす考え方であり、かつそれは企業の成長戦略において不可欠とされた。これに類するものとして、かねてより近江商人の「三方よし（売り手よし、買い手よし、世間よし）」をはじめとする江戸時代の商家や老舗の家訓などにかかわる研究が経営学等の研究者により進められてきた。しかし「企業理念」という用語が前面にせり出してくるのは、先述した「失われた一〇年ないし二〇年」をへてのことだ。日本企業が本格的に企業理念の導入に乗り出すのは、企業成長との関連からこのテーマを追究しようとする米国の研究に触発されてのことであった。

次の代表的な二作品からは経営理念の指針がうかがわれる。

世界的コンサルティング会社マッキンゼーの元社員T・J・ピーターズとR・H・ウォーターマンは、著書『エクセレント・カンパニー』で経営理念について次のように述べている[註4]（傍点・原文ママ）。

> 自社の価値体系を確立せよ。自社の経営理念を確立せよ。働く人の誰もが誇りを持つようにするために何をなしているかと自問せよ。（中略）超優良企業に共通して見られる五つ目の特徴を、私たちは「価値観に基づく実践」と名づける。

また経営理念という思考を経営に導入することで、「規律、細部の事柄、命令の遂行などに関して価値観とルールが共有されることによって一定のワク組みが生まれ、その範囲の中で具体的な自主性が日常的に発揮される」という[註5]。

一方、スタンフォード大学ビジネススクールの研究者J・C・コリンズとJ・I・ポラスも著書『ビジョナリーカンパニー』で次のように説明する[註6]。

> 基本理念は組織の土台となっている基本的な指針であり、「われわれが何者で、なんのために

存在し、何をやっているのかをしめすものである」。

言いかえれば、企業理念とは企業による「揺るぎない志」[註7]の表明と考えられる。

ところで、心理学研究の廣川佳子と芳賀繁によれば、国内オンラインデータベース「CiNii」で「経営理念」を検索すると、二〇一四年一〇月二日現在では一四六六件がヒットするが、そのうち一〇五三件は二〇〇〇年以降、さらに半数近い四七一件が二〇一〇年以降のものであったという。この検索結果には雑誌記事から学術論文までが混在しており、産業界のみならず学会においても経営理念に対する関心の高さがうかがえる。[註8]

また経営学の田中雅子は、「理念経営」という言葉について、自身が「経営理念の研究に取り掛かった二〇〇〇年代前半では考えられないこと」だったと述べている。[註9]したがって、企業理念を本格的に導入した経営へと展開を遂げる企業が増えたのは比較的最近のことだったと推論される。

さらに、企業理念という語が含みもつ意味にも変化が生じている。田中によれば、時代ごとに理念の主体者が移り変わってきたという。[註10]

理念の主体者が経営者ととらえられていた七〇年代は、経営者の「指導原理」と見る傾向があった。ところが、主体に組織体を含むようになってきた八〇〜九〇年代は、「価値観」「行動指針」「指導原理」となり、二〇〇〇年代以降は、概ね理念を「組織の信念や価値観」ととらえ、「指導原理」はほぼ見られなくなってきた。

では、そうした二〇〇〇年代以降の経営理念において「組織の信念や価値観」はどのような言葉で語られ、教え込まれてきたのだろうか。次節では、居酒屋チェーンのワタミフードサービス、アパレル業のファーストリテイリングの例を見ていくことにしたい。

メッセージ化された企業理念

ワタミでは創業間もない一九八八年より、企業理念や創業者・渡邉美樹の思いをメッセージにして、給与明細に添えて配布してきた。さらに一九九七年からは、創業の思いや理念を語るビデオレターも配布してきた。また、それらをもとに二〇〇二年には「会社とはどうあるべきか」という渡邉の考えを記したポケットサイズの「理念集」を発行し、グループの全社員に配布している。これをテキストとして、全社員を対象とする「理念テスト」を実施し、全員が満点を取るまで続けるものとした（なお、テスト自体は理念集の完成以前から実施されている）。ちなみに、二〇〇五年四月二五日の給与メッセージの一部には「三六五日二四時間、死ぬまで働け」とあり、二〇〇八年に過労自殺者〈註11〉を出したにもかかわらず理念集に盛り込まれたが、労災認定後の二〇一四年に「働くことは生きることそのものである」に改訂された。

こうした理念は新入社員研修で教え込まれる。課題図書を読み、Ａ４判の用紙一枚以上の感想文の提出が定期的に課され、パソコンで書く場合は、フォントの大きさまで指定され、書く内容も理念に沿うように書かなくてはならない。また社員研修では、二時間近くかけて「仕事は人生。人生に休みはない。仕事を人生と考えるなら一日二四時間働くものだ」、「他社はサラリーマン会社。でもワタミは気持ちが違う。お客様のためなら何でもする社員になってほしい」など、渡邉直々の訓示がなされるという[註12]。

渡邉は一九九四年四月二五日の給与メッセージで、次のような「経営目的・経営理念・社訓」を述べている[註13]。少し長くなるが引用する。

「何のために、この会社があるのか」、いつも考えながら仕事をしてください。（中略）君は君の人生の主人公なのですから。ワタミは主人公の集まりでいたいのです。そのために経営目的があります。仕事のやり方で迷ったら、経営理念を読みなさい。必ず答えが見つかります。社訓を日々意識し、行動することで、人間性を磨いてください。――立ち居振る舞いで、自然と君の、とても正直であたたかい人間性が伝わってくる――そんな人になってください。

なお、このメッセージは「最低一〇回は心で読む」ことと付記されている。

また、理念集には次のようなことも述べられている[註14]（傍点・引用者）。

先日ある新入社員が泥酔し、私にこんなことを話した。

「ワタミフードサービスという会社は、新興宗教みたいですね。みながみな、同じことを言って、恐いみたいです。僕は、みながみな同じことを言うと、何か嘘くさくて信じられなくなるんです」

また別の社員からこんなことを聞いた。

「ワタミフードサービスの経営目的は危険だという声を聞きました。経営目的に対して誰も文句を言わせないように会社の組織がなっていて、ファシズムみたいだという声を聞き、とても悲しく思いました」（中略）

人間の良心に照らし合わせて、正しいことを、みながみな、同じように話してどこが悪いのであろう。

なお、一九九二年四月二五日の給与メッセージには次のような記述がみられる〈註15〉。上記した「新入社員」との後日談であろう。

泥酔していた新入社員に、次の日聞いてみた。

「ワタミは新興宗教みたいで、嫌いか？」

「いや、もう忘れてください。よくわかりましたから、勘弁してください」と苦笑いしていた。

ファシズムみたいだと言った社員の名前を、私は知らない。本当にそう思っているのなら、ファシズムの意味とワタミの経営目的の意味の違いを教えるので、ぜひ連絡してもらいたいと思う。

ワタミではそうした創業者の「理念」に共感し、追従できる人間だけが、後述するように「同志」として生き残り、ついていけなくなった同僚たちを追い詰めてしまったのだろう。現に過労自殺者を出してしまっている。

次に、ファーストリテイリングについて見ていくことにしよう。

ファーストリテイリングは、ユニクロ事業などを展開する企業である（創業は一九八四年、一九九一年に社名をファーストリテイリングに変更）。ユニクロの従業員たちにもワタミと同様、経営理念の熟知が問われている。ことにユニクロでは、店舗経営ができて、顧客に満足してもらえる店舗作りを第一としているために、経営理念を内面化することが店長昇進への第一歩とされてきた。そこで大卒で店長候補として入った正社員に対しては、経営理念の徹底が半ば義務付けられているという。〈註16〉

入社前の合宿で、二十三項目あるユニクロの「経営理念」を全部暗記させられることになる。（中略）二泊三日の合宿は、午後六時にプログラムが終わるのだが、暗記できないと居残りがあったという。「文章だけでなく、句読点も間違えてはいけませんでした。文字通り、丸暗記でしたね。たかだか二十三項目でしたが、相当時間がかかりました。」

このような理念の暗記は、次に記すように店長登用試験において発揮される。出題された試験問題のうち、例えば、売場管理について次のような問題が出されたという。〈註17〉長くなるが、以下に二つの事例を引いておきたい。

一つ目は穴埋め問題である。

問　「会長のメッセージ（ユニクロの理想とする店）」について当てはまるものを一つ選びなさい。

「私はお客様にとって最高の店を次のように考えています。」

「お客様にとって行きやすい立地に、十分な駐車場を持った広々としたお店で、明るく親切な販売員がセンスよく自社製品を着こなしてテキパキと仕事をしている。店長がその店の全員を十分把握して、あたかも全員が一つの意志を持っているように無駄な動きがない。（　　）商品の特徴が良く分かり買いやすい。お店にあるほとんどの商品がお客様の欲しい商品になっている。お客様が買いたい商品が必ずあり、お店の売りたい商品もはっきり解る。（　　）、気分良く買い物を済ますことができる。これが私の理想です。私は絶対にこのようなお店を実現したいと考えています。全社員の皆さんも理想の店を実現したいと本気で願っていただきたいと思います。」

ア　販売員の応対が迅速で

イ　すばらしいＶＭＤと整然としたレイアウトで

ウ　ＰＯＰ・Ｄ／Ｐが漏れなく設置されており

エ　エキサイティングな演出で

オ　商品の補充やレジでの勘定も早く
カ　ＦＲでの応対や売り場での接客がよく

答　イ、オ

また、商品管理についての問題は次のようである（ユニクロ店長登用問題から抜粋）。

問　商品管理について、正しいものをすべて選びなさい。（複数回答可）

ア　店舗で発生した廃棄商品は、担当ＳＶ承認後、タグを切り取り廃棄する。
イ　店間移動の際、搬出数と振入先の検品数が異なる場合は、搬出受領リストが出力される。
ウ　在庫ステータス変更を実施する際、ロスの場合は「調査中」在庫を増やし、逆ロスの場合は「調査中」在庫を減らす。
エ　検品入力の際に実数を入荷分よりも多く入力してしまうと、帳簿在庫より実在庫が多くなる。

答　イ、ウ

一読してわかるように、専門用語のオンパレードである。これでは、内部者でなければ、問題文の意味すら理解できない。つまりマニュアルを完全に暗記できていないと解けない問題構成となっている。これはまた、第I章で述べたマニュアル労働にも通じている。仮に従業員が同業のアパレル他社に移動した場合、果たしてそれがどれほど普遍的なスキルとして通用するのか疑問である。

ワタミとファーストリテイリングの両者に共通するのは、企業理念が創業者・会長の「メッセージ」として社員に示される点である。前出の田中によれば、おおむね二〇〇〇年代以降の企業理念は「組織の信念と価値観」に基づくもので、従来のような経営者や組織体による「指導原理」はほぼ見られなくなったとされる。だが上記の例にみるように、メッセージ化された企業理念は、組織と同一化された経営者の「指導原理」にほかならないのではないだろうか。

「ポエム」としての企業理念

企業理念を語るメッセージに、従業員の労働意欲を喚起させるいくつかのキーワードがちりばめられていることにお気づきだろうか。たとえば、「夢」。

夢といえば、前章で述べたように、八〇年代以降、多くの企業人が新しいサービスの基本を求めて「夢の国」、ディズニーランドに殺到したことを想起されたい。来場するゲストを飽きさせないためにキャストたちが駆使するサービスの数々は、創始者・ウォルトが提唱したようにディズニーランド自体を永遠に完成しない「夢」と捉えていることによる。事実、前章でも取り上げた香取は、次のように語っている〈註18〉。

東京ディズニーランドは、ゲストにとって、永遠に完成しない「夢と魔法の王国」です。

確かに「夢」とは未完の状態であり、永遠に到達不可能な境地であり、かつ抽象的な言葉である。だが企業経営者が「夢」を企業理念に挿入するとなると、それはどんなに頑張っても、いつまでたっても届きえない目標を果てしなく追い続けるべく、従業員たちを誘導し、無限のループへと追い込み、疲弊させてしまうことになりはしないだろうか。香取によれば、ディズニーは「普通の学校では教えない大切なことを教えてくれる『魔法の学校』」であり、ゲストたちの笑顔に象徴される「夢」の実現には、自ら「本気で魔法にかかる」必要があるという。だが前章で指摘したように、ディズニーのキャストたちを労災にまで追い込んだのはその本気の魔法であった。「夢」に照準を合わせて身体を酷使した努力が期待される王国での、束の間の夢の世界を実現し、ゲストたちの笑顔を得ることがキャストたちの夢と教え込まれていたからだ。

企業が理念として掲げる言葉には、従業員に対し「夢」と同様の効果をもつものとして、「成長」や「感謝」といった言葉も見受けられる。これらもまた未完であり、終わりのしれない状態を示す、つかみどころのない言葉といえよう。

ワタミの理念はまさに、そうした抽象的な言葉のオンパレードだ。仕事とは従業員たちが自身の幸福、すなわち夢を実現するための手段であり、理念集には「夢」や「成長」などの言葉が躍っている。

以下に引用するのは、二〇〇五年四月二五日の給与メッセージである[註19]（傍点・引用者）。

部下のことが大好きで、部下のことが心配で心配で、そしてその部下の社員としての成長、人間としての成長をだれよりも願い（中略）「大変だけど頑張れよ」大好きで心配で成長と幸せを、祈るように願っている上司ならば（中略）、何故しっかり読み、しっかりフィードバックし、その部下の成長に寄り添おうとしないのか。（中略）厳しい会社だが、人間として成長する会社であり、あたたかな社風の会社であり、夢のある会社であるがゆえにこの会社に入れたいと、親御さんが思うような会社にならねばと思う。

ワタミが過労自殺した社員の両親に宛てた文書にも、ワタミの仕事観として同様の言葉で綴られている[註20]（傍点・引用者）。

仕事を成し遂げたり、自分自身を成長させるためには（中略）一人ひとりの社員が、夢を叶える努力をし、そのプロセスの中で、人として成長してゆく。

一方、ユニクロで多用されるのは「成長」という言葉である。創業者・柳井正の著書にはわずか一ページ半に「成長」という言葉が五回も出てくる[註21]（傍点・引用者）。

会社は存在する限り、成長して収益をあげていくことが使命だ。そうしなければ、取引先や社員など不幸になってしまう。会社は常に競争している。「成長しない」ということは「負ける」ことであり、会社がつぶれるということにつながる。（中略）その「商品」が成長し、成果をあげない限り、投資する価値がなくなってしまう。（中略）資本主義の世の中で「成長しない会社」というのはあり得ない。（中略）経営者は「会社はお客様のもの」であることを肝に銘じて、成長を続け、自己変革していかなければならない。

そこでは「成長」を続けた先にあるのが「自己変革」と位置づけられている。同書が刊行された二〇一一年には、年度方針として「変革しろ、さもなくば死だ」というスローガンが発表された。それは東日本大震災がもたらした危機的状況に打ち勝つために極限まで「成長」を推し進めよ、という厳格なまでのメッセージだったと受け取れる。従業員としての成長は、数値により示される組織体の成長と同一視される。しかしながら、肝心の「成長」が具体的に何を意味するかについては明示されない。

いうまでもないが、成長という言葉は「高度経済成長」という言葉とともに周知された。経済史の武田晴人によれば〔註22〕、経済学の専門的な書物で、「経済成長」をタイトルに含む書物の初出は一九五五年前後だという。国立国会図書館の蔵書目録を検索した結果、最も古いものが一九五四年の高田保馬編『経済成長の研究』第一巻（大阪大学経済学部社会経済室研究叢書）である。同年には中山伊知郎編『日本経済の構造分析』上下巻（東洋経済新報社）も刊行されており、荒憲治郎による所収論文「日本経済の成長率」などが検索条件にヒットした。また、翌年にはW・W・ロストウの『経済成長の過程』（東洋経済新報社）が翻訳刊行され、武田は同書について「経済学者たちが経済成長の理論への関心を高めていたことを背景に、歴史的な視点から経済成長と景気循環の過程を描こうとしたもの」と捉えている。

その後、経済成長はオイルショック後の不況をへて頓挫したものの、続く安定成長とバブル後の平成不況という二〇年間をへる中で、再び「成長」が取りざたされた。そして二〇〇一年には「改革なくして成長なし」（経済財政年次報告副題）というスローガンとともに、国家案件として提起されるに至った。奇しくも同年、経営学の発明者P・F・ドラッカーの『マネジメント　エッセンシャル版―基本と原則』（ダイヤモンド社、二〇〇一年）が刊行される。同書は、映画化もされた二〇〇六年刊行の『もし高校野球の女子マネージャーがドラッカーの『マネジメント』を読んだら』（ダイヤモンド社）に取り上げられたことで一般に膾炙したと思われるが、ドラッカーは渡邉・柳井両氏をはじめとする新興のベンチャー企業経営者らがマネジメントのガイドと目す米国の経営学の泰斗である。

ドラッカーの本に記された四三項目めに「成長のマネジメント」というのがある。そこに次のようなくだりがある。(註23)

成長は自動的には起こらない。事業の成功によって、自動的にもたらされるものではない。成長は不連続である。成長のためには、ある段階で自らを変えなければならない。（中略）成長には戦略が必要である。準備が必要である。なりたいと思うことに焦点を合わせた行動が必要である。（中略）成長そのものを目標にすることはまちがいである。（中略）組織の成長とは、物理用語ではなく経済用語である。量そのものは成長とは関係ない。成果の面で成長して、初めて成長といえる。（中略）成長するには、トップが自らの役割、行動、他者との関係を変える意志と能力を持つ必要がある。（中略）成長には変化すべきタイミングを知らなければならない。それまでのマネジメントや組織構造では不適切なほど成長したことを教えてくれる兆候を知らなければならない。

ちなみに、この項目だけで実に三六回も「成長」という言葉が出てくる。ドラッカーが、「変化を当然とする経済」において、成長を企業戦略上の基本方針として重視していたことがうかがい知れよう。

他方、「成功」という言葉を自らの経営観に用いる経営者もいる。

居酒屋「日本海庄や」をチェーン展開している外食大手「大庄」で、二〇〇七年に過労死した新入社員が社員研修で用いた「サクセス研修」ノートには、「成功」という言葉とともに、「勇気ある自己犠牲を続ける人は、社会の称賛を浴びる。代表取締役社長平辰」という書き込みがあったという。〈註24〉

このような経営観は中小企業にも波及しているようである。あるＩＴ企業の社長は会社を発展させるよりも、自ら経営者という職業に就き続けたいと考えている。彼の掲げる社是には「夢」「成功」「感謝」の三文字が踊るが、以下に見るように、〈註25〉それらは到底、米国流を下地にしたとは言い難い代物である。

［1　夢を実現する！］

「『俺の夢を具現する』。経営者の俺、社員の俺、どちらの夢も具現出来たらええやろ。」と語るものの、「夢」の具体的内容には触れられない。

［2　共に成功する！］

「俺も社員も、共に成功する」と述べつつ、社員を「ビジネスパートナー」と規定しているが、「二、三年は、こっちが仕事を頼んでる。だからそれはきっちりやってもらいたい。でも、それ以降は『そろそろ出ていかなあかんな』と考える思うんや。」という思考であり、終身雇用など毛頭考えてもいないようである。

［3　挫折禁止］

［4　あらゆるすべてに感謝する！］

「〝あらゆるすべて〟ゆうのは、これはウチでの仕事の〝あらゆるすべて〟や。何もウチの仕事やってくれ、ゆうてこっちから頼んだわけやあらへんやろ？　社員の側が『どうか社員にして下さい』ゆうて（中略）納得して入社しとるんや。あらゆるすべての仕事に感謝してもらわな罰当たるで。」

これは雇った恩に感謝しろと言っているに等しい。

［5　社会に貢献する］

「世の中に出てる成功した起業家の話にも、ようあるやろ？『社会に貢献する』ゆう意識がないと経営が成り立たへんと。社是に入れといたらカッコつくわな。それで入れただけ。」

こうした理念の羅列は、どれもが手の内を見せた身も蓋もない言葉ばかりだが、裏返せば、それは経営者のホンネともいえないだろうか。美しく頼もしい修辞をまぶされた企業理念のメッセージが、実は「お飾り」の言葉だったことが露悪的に明かされる。

渡邉や柳井をはじめとする新興企業の経営者たちはドラッカーに触発され、米国流の経営観を模索しながら、自社の経営方針を構築していった。だが、そこには実態のない言葉が躍っているだけの印象がぬぐい切れない。彼らが好んで駆使する「夢」「成長」「成功」「感謝」などのポジティヴな言葉は、その抽象性と曖昧性のゆえに、人をその気にさせてしまう。企業目標に邁進するあまり、ときに長時間残業をものともせず、過労死、過労自殺へと追い込みかねない、そういう言葉を投げかけることで、経営者は従業員たちを自分の意のままに動かしかねない。このような状況については、いかに解釈すればよいであろうか。

以下では、言葉がはらむ危険な力という点に着目する。言葉に明確な意味がともなわないこの状況は、コラムニストの小田嶋隆が主張する「ポエム化」という概念で捉えられよう。小田嶋は、以下の様に述べている[註26]（傍点・引用者）。

　現在進行している「ポエム化」は、ある場合には説明放棄であり（中略）あの種のまとまりのない言葉が、世紀をまたいでからこっち、ものすごい勢いであふれ出してきているからだ。（中略）詩の言葉が、情報を伝達するための言葉ではないからだ。（中略）意味が正確に限定されていなかったり、きっちりとコースに投げ込んでいない言葉だからこそ、異様に共鳴する人が現れたりもする。

解説を寄せたフリーライターの武田砂鉄の解釈によれば、「ポエム化」は「思考する、議論する、批評するといった、言葉の発育に不可欠な過程が、まさに数学のように否定されてしまう」、そうした危険な働きをしかねないものとされる〈註27〉。

曖昧な概念をめぐっての近似した状況は新左翼運動の中でも見出された。連合赤軍事件の語りを分析した米国の社会学者パトリシア・スタインホフは、「共産主義化」というイデオロギー用語に対する活動家個々の受け止め方について、次のように指摘する〈註28〉（傍点・引用者）。

> 概念はじつに曖昧で、（中略）生存者たちは一様に、まったく理解できなかったと述べている。しかし、彼らは、いわゆる自己変革を獲得しようという心情的呼びかけはよく理解できた。（中略）自分の罪がいったいなんなのか、はっきりと自覚しているわけではない。

そうした状況を従業員サイドに立って企業活動という場におきかえてみると、上司らが連呼する「変革せねば」「成長せねば」などの呼びかけに対し、その熱情は理解するが、では具体的に何をすべきかを自覚できず、当惑しているような状態といえる。このように呼びかけられた言葉が受け手に対して具象をともなわず、意味の空洞化した状態は、加藤典洋の言葉を借りると「言葉の死」である〈註29〉(傍点・引用者)。

> 考えていることをいわない、それでも考えていると認められるのですから、いうこと、発語することには、いわば工場でできた完成品を出荷するというほどの意味しかないことになり、たとえ出荷しなくても工場が動いていればよい、というわけで、発語すること、「思っていることをいうこと」に誰もが注意、尊敬を払わなくなり、最後、言葉は、意味を失い、死んでしまいます。(中略)彼女(引用者注:ハンナ・アーレント)はこういいました。言葉が死ぬと、人間から公的領域というものが消える。公的領域が消えると、生きることの意味が消える。その結果、人は、単一なものに対する対抗原理を失い、最終的にはある種の全体主義を呼び寄せてしまう、と。

「ポエム化」による説明放棄は、言葉を死に追いやり、「単一的なものに対する対抗原理」を失わせ、「ある種の全体主義」を招き寄せる。そうした「ポエム化」の弊害は、経営理念に埋め込まれた数々の言葉にもあてはまる。

次節では、経営理念を浸透させるべく生み出された装置として「企業博物館」を取り上げることにしたい。

企業博物館というメディア

企業博物館とは？

一般に企業が運営する施設である企業博物館は、資料館・史料館・記念館・文化館・科学館・工芸館・ミュージアム・ホール・ハウス・ギャラリー・センターなど多様な名称で呼ばれており、二〇〇〇年代初めの時点で、全国で六四一館を数える〈註30〉。会社の歴史や会社の製品や技術を保存・展示するものから、創業者の偉業を讃えるもの、また会社が所蔵する美術品などを展示するものに至るまで、その内容は多岐にわたる。企業博物館の設立意図とは「会社や業種の資料を収集・保存・展示し、会社や業種の文化を研究・普及すること」であり、特に一九八〇年代からバブル崩壊頃までに急増したという〈註31〉。

企業博物館の展示はおおむね、技術と製品による「事業展示」、創業者と会社の運営に関する「歴史展示」の二つより構成される。さらに、そこに製品の試作・試飲などを中心とする「体験型」の施設も加えられる〈註32〉。

また、会社が最重要と価値づけたものが展示された企業博物館には、それを神聖化する「神殿」としての性格も認められる。そこでは以下に述べられるように、経営理念をはじめとする当該企業のあらゆる文化が神聖化され、うやうやしく展示されている〈註33〉。

最初のヒット商品、最新のモデル製品、一号機や初代工場の写真や模型、最新式製造過程の解説パネルやVR（バーチャル・リアリティー）装置、創業者の肉筆や肉声、創業当時の幹部や歴代社長のプロフィール、社是・社訓の紹介、表彰状やトロフィー、それに創業者の銅像などが否応なく目に入ってくる。あるものは最高級の展示ケースにおさめられ、あるものはもっとも目立つ場所におかれている。資料の価値を増幅する演出や配置が、ひそかに、しかしいたるところになされている。

企業博物館の定義とは、以下のように〈註34〉、一般的には機能的側面から言及されるものが多い。最も簡明な表現としては「企業がその生業にかかわるものの資料を保存、展示、公開している施設」（佐々木朝登：丹青研究所）という定義があげられるが、次に、星合重男（元・コニカ宣伝部長）と諸岡博熊（元・UCCコーヒー博物館長）による対照的な定義づけを紹介したい。

星合によれば、企業博物館とは「自社の歴史とその背景にかかわる諸資料を保存・展示し、企業理念の理解を得るために、企業が設立する施設」であり、諸岡はさらに踏み込んで、「①企業が設立したもの。②企業の生業にかかわる資料を保存し、展示し、公開しているもの。③積極的に地域社会の文化開発に貢献しているもの」とし、博物館の対外的な貢献にも言及している。

つまり企業博物館の性格づけとして、企業理念の理解に向けた資料の収集保管と展示を旨とする前者では、主に従業員を対象とした教育的施設の側面が強いのに対し、後者では企業の地域社会への浸透を意図した文化施設が指向される。本節では従業員に対する理念教育という視点から、前者の定義に基づいた企業博物館に注目する。

企業博物館のケース・スタディ

本項で取り上げるのは、戦後日本の第二次産業の中心で自動車業界をリードしてきたトヨタグループ、第二次産業を下支えしてきた物流業のヤマトグループ、そして飽食の時代をリードしてきたサービス業のワタミが運営する、各企業博物館である。前二社の起業が戦前まで遡るのに対し、ワタミはバブル時代（一九八六年）に創業されている。このような違いは博物館施設の展示にどのように反映されているだろうか。

トヨタグループ

トヨタグループでは五つの企業博物館を運営している。そのうち本書では、創業者たちの理念が展示に最も反映されたものとして、豊田佐吉記念館（一九八八年設立、静岡県湖西市山口所在）とトヨタ産業技術記念館（一九九四年設立、愛知県名古屋市西区則武新町所在）の二館を取り上げる。

✴豊田佐吉記念館

豊田佐吉記念館はグループの始祖・豊田佐吉の生誕一二〇周年を記念して開館した。水田とミカン畑に囲まれた一万八千平方メートルの敷地に、佐吉が四〇歳の頃に建てた母屋を中心に、息子・喜一郎と二代にわたる藁葺きの生家、佐吉が機織りの研究をしていた納屋などが復元されている。父の伊吉が植えたという檜の林を抜けた裏山には、記念館付属の展望台が設置されている。

佐吉は一八六七年、農家兼大工の貧しい家に生まれ、小学校を卒業した後、父の後を継いで大工の修業を始めたが、一八歳の頃、発明で社会の役に立つべく発心した。手近な機織り機の改良を手始めに、その後、様々な織機を開発し、多くの特許を取得し、繊維機械業でトヨタグループの礎をなす。記念館には佐吉が発明した数々の織機やゆかりの品々が陳列され、小さなエントランスでは佐吉の生涯とともにそれらを紹介するビデオ「人・豊田佐吉─情熱と創造の日々」などが上映されている。また館内には付属の集会室があり、住み込みの管理人も常駐する。付近には大型バスが何台も入る広大な駐車場も完備されている。

記念館より南に二〇〇メートルほど行ったところに、佐吉が村の有志たちと夜学会を開いていたとされる観音堂がある。お堂の前には佐吉の誕生日（二月一四日）に合わせ、一九六九年に建立された「佐吉翁夜学記念碑」がある。そこには、次のように記されている。

> 翁は明治十八年、社会奉仕を発願され、村の青年とこの堂内にて夜学会を開き、勉強し後に世界的発明家となる。

記念館ではグループ各社別の来場者数を事務局が毎月チェックし、月報で各社に通達されるようになっている。ことに春先の三～四月は、グループ各社などから千人を超す新入社員が訪れるという。〈註35〉トヨタ自動車には、中学校卒業後に入社した者たちに専門技術を学ばせる「トヨタ工業学園」という職業訓練校も併設されており、そこの生徒たちも研修を受けに訪れる。

読売新聞取材班によれば〈註36〉、彼らはビデオや復元された藁葺きの生家を見た後、さらに研修の一環としてミカン畑で草むしりや草刈りなどの作業を行なう。その目的は、何度苦難にあっても諦めず、一心に発明の仕事に取り組んだ佐吉の精神を学ぶことで、「会社のルーツを知り、会社への帰属意識を高める」ことにあるという。事務局員によれば、そこは「グループの精神的ルーツ」であり、訪れる人々がまるで「お参り」にでも来たような雰囲気を漂わせていることから、管理人は「グループの総本山」のようだと語っている。

記念館の空間構成は以下のとおりである。

入館者はまず佐吉の業績を記した記念館を見学した後、佐吉の父が植えた檜の林を抜けて裏山に入り、息子の喜一郎が遊びながら遠く富士山を仰ぎ見た場所とされる展望台まで登る。そこから下って、佐吉の建てた母屋をへて、日夜研究を重ねた納屋へと至るルートを周回する。それは夜学記念碑を含む広大な空間をへめぐることで、伊吉、佐吉、喜一郎という豊田家三代の歴史を追体験する仕掛けである。

それとともに、ミカン園での奉仕を通して、貧農でもあった佐吉親子の苦労をも追体験させる。

すなわち豊田佐吉記念館とは、広大な空間の中に象徴的な各施設を時系列に布置することで、貧から成功に向かった豊田家の壮大な歴史絵巻を展示した施設といえる。

そこには常に一つの経営理念が提示されている。それは佐吉が創意工夫の中で獲得し、現在もグループの基本精神の一つとして継承される、第Ⅰ章でも扱った「自働化」という概念である。「自動化」ならぬ、ニンベンつきの「自働化」に込められた意図とは、「異常が発生すると機械を直ちに停止し、不良品を作らないようにする」という主体的、自律的な精神をいう。

そのような精神に照らし、佐吉はグループの祖である「創祖」と位置づけられている。館内には「自働化」の精神の象徴として「改良バッタン機（一八九一年特許取得）」と、それ以降の織機の模型が展示され、空間を利用した歴史展示を通じての企業理念が投影されている。

✴トヨタ産業技術記念館

トヨタ産業技術記念館は、一九一一年に豊田佐吉が自動織機の研究開発のために作った織機の試験工場を再利用して、グループ一三社の共同事業として設立された。展示は大きく、繊維機械と自動車産業の二部門より成る。

エントランスロビーには、欧米の先進技術にも啓発された佐吉の「研究と創造の精神」のシンボルである「世界に一つしかない」環状織機が展示され、来館者はそこから繊維機械館をへて自動車館に至るような構成となっている。つまり、それは豊田紡績を起業した佐吉から、同社内に自動車製作部門を立ち上げた息子の喜一郎をへて、現在のトヨタグループへと至る歴史的時間軸に沿った展示である。

来館者が目で見て、触れることでグループの「モノづくり」が理解できるよう、機械・素材などのレプリカや現物も併用する配慮がなされている。また、敷地内に併設された「トヨタグループ館」には、佐吉の精神を事業の基本に据えるべく一九三五年に制定された豊田綱領が掲示されている。五項目よりなる綱領は喜一郎と義兄の利三郎がまとめ、現在もなおグループの「社是」となっており、全従業員の会社生活の指針とされている。それは次のようなものである。〈註37〉

豊田佐吉翁ノ遺志ヲ體シ

一、上下一致、至誠業務ニ服シ産業報國ノ實ヲ擧クヘシ
一、研究ト創造ニ心ヲ致シ常ニ時流ニ先ンスヘシ
一、華美ヲ戒メ質實剛健タルヘシ
一、温情友愛ノ精神ヲ發揮シ家庭的美風ヲ作興スヘシ
一、神佛ヲ尊崇シ報恩感謝ノ生活ヲ為スヘシ

そうした創祖の精神を継承し、発展させるべく開発されたのが、「自働化」と並ぶもう一つの基本精神、「ジャスト・イン・タイム」である。これは「各工程が必要なものだけを、必要な分だけ時間内に間に合わせるよう停滞なく生産を行なっていく」という考え方である。ジャスト・イン・タイムは現場の技術者であった喜一郎によって、創祖・佐吉の理想を、自動車という別業態におけるモノづくりの発展型として具現化したものだった。これにより、喜一郎は「創業者」と位置づけられている。

トヨタグループでは創祖・佐吉の「自働化」と、創業者・喜一郎の「ジャスト・イン・タイム」を合わせて、「トヨタ生産方式」の柱としている。

来館者を圧倒するモノを中心とした展示では、このトヨタの二大支柱がアニメやパネルを併用した解説を通じて強調される。それを踏まえた最後のプログラムは、体験を中心とした「創造工房」で締めくくられる。

このようにトヨタ産業技術記念館においては、佐吉から喜一郎へとモノづくりにおける「研究と創造」のベクトルが向けられるが、展示を通じて、企業理念は佐吉の「自働化」と喜一郎の「ジャスト・イン・タイム」という二大支柱に結実する形で伝達されている。そこでは、両者が志向する産業の射程がいずれも「日本」に向けられている。ことに喜一郎に関する展示において、自動車産業を「民族産業」と位置付けている点が特筆される。

ヤマトグループ歴史館「クロネコヤマトミュージアム」

クロネコヤマトミュージアムは創立一〇〇周年を記念して、ヤマトグループの港南ビル内に設立された（二〇一九年設立、東京都港区港南所在）。

展示室は、グループの物流を四つのパート「一九一九〜創業の時代」「一九二八〜大和便と事業多角化の時代」「一九七一〜宅急便の時代」「二〇〇〇〜新たな価値創出の時代」に大別し、創業者・小倉康臣と、二代目・昌男の業績を歴史的にたどる形で構成される。

康臣の業績を紹介する最初の展示室「一九一九〜創業の時代」でひと際目を引くのが、彼が一九三一年に制定した三項目の「社訓」である。そこには誰もが会社の代表であり、お客様の心を受け継ぎ、立ち居振る舞いに注意し、常に礼儀正しくという運輸業に携わる者としての心構えが示されており、現在も企業理念として受け継がれている。

一、大和ハ我ナリ
一、運送行為ハ委託者ノ意思ノ延長ト知ルヘシ
一、思想ヲ堅實ニ禮節ヲ重ンスヘシ

展示の最後に飾られた康臣の銅像は、創業四〇周年を記念して従業員有志と産業報国会〈註38〉より一九四一年に献呈されたものである。次の展示「一九二八～大和便と事業多角化の時代」にはシアターが完備され、グループが取り扱ってきた物流の歴史が映像で一覧できるようになっている。

そこからスロープに沿って下階へと降りたところに、後継者である息子・昌男に関する展示「一九七一～宅急便の時代」が続く。

昌男は、現在ではすっかりおなじみとなった宅急便の発案者である。それは牛丼に商品を特化した吉野家、自社の運輸機能を活用してジャルパックを観光商品化した日本航空の成功から閃いたアイデアだったという。SD（サービスドライバー）と名付けられた宅急便の運転手は、ただ荷物を送り届けるだけでなく、顧客からもらう「ありがとう」の言葉にやりがいを見出し、さらに顧客に喜んでもらえるようサービスを向上させることに、仕事の意義があるとされる。

昌男が目指したのは、集荷・集配のみならず、営業や集金、接客などを全て一人でこなせる自立性を持った社員の育成と、利益よりもサービスを優先させる姿勢で、社員たちが力を合わせて経営に責任をもって当たる「全員経営」である。そうした理念を反映させたのが、最後の展示「二〇〇〇〜新たな価値創出の時代」である。

昌男は、従業員に対する一方向的な主従関係ではなく、彼らも経営者と同じ目的意識をもって、ともに一つの事業を成し遂げるという理想から、一体感を感じさせる「社員」という呼び方を好んで使った。そうした彼の経営理念は、著書『「なんでだろう」から仕事は始まる！』（講談社、二〇〇四年）によく示されており、本書から代表的な言葉を抜粋した展示もなされている。

そして最後に、実際に従業員が経営者と同じ目線に立って発案した成果物として、自社製造の配送車の模型が、説明員を配置した体験コーナーとして展示される。これは作業効率を高め、作業にかかる負荷を軽減するため、配送者が荷台に立ちながら作業ができるように天井の高さを調整したり、荷物を積みやすいように車の床の高さを低くしたりするなど、ドライバーの安全性と働きやすさを考慮した構造になっている。

来館者はSDの制服を着用し、実際の荷物をキャビネットに詰め込む作業体験ができるようになっている。[註39]

また、配送車などの実物も展示されており、効率性や安全性などを来館者が自分の目で確認できるようになっている。

ヤマトグループでは、戦前に設けられた企業理念が現在も受け継がれている。わけても二代目社長の「全員経営」に投影される「社員観」は、社員手帳に掲載された小倉康臣の企業理念の最初の項目、「大和ハ我ナリ」と通底している。すなわち、従業員一人一人がヤマトグループの人間として、主体性をもち、一体感をもって事に当たるという姿勢である。来館者は最初と最後の展示によって、「大和ハ我ナリ」「全員経営」の企業理念に行き当たるようにされている。展示資料の内容と配列はこの企業理念を織り込む意図で構成され、全体を通してみると、見事なまでの起承転結をなしている。

なお、同社にはヤマトミュージアムのほか、物流そのものの現場を見せる施設、羽田クロノゲート（東京都大田区）と関西ゲートウェイ（大阪府茨木市）も併設されている。来館者は、グループの歴史をひもときながら、高い効率化と万全のセキュリティシステムをもって、実際に荷物が眼前を流れていく様子を実見できるようになっている。

ワタミ夢ストリート

ワタミグループの「ワタミ夢ストリート」は二〇一二年にワタミ本社（東京都大田区羽田）内に設立された記念館で、ワタミ理念研究所によって運営されている施設である。

本社玄関を入ると、入り口には創業者・渡邉美樹の等身大の写真パネルが立っている。その横には大きなトラックの模型が並んでいる。そこにガイド役の女性が配されており、丁寧な説明がなされる。トラックは、渡邉が創業資金を貯めるために佐川急便でトラックドライバーとして働いた日々を示すもので、来館者は車内に入って運転席に座ってみることもできる。車内には毎月二五万円ずつ貯金した当時の銀行通帳と、彼のためにおばあちゃんが握ってくれた塩握り飯の模型などが展示されている。

これに渡邉が執務をする会長室を模した部屋が続き、そこではグループのスローガン「地球上で一番たくさんの『ありがとう』を集めるグループになろう」が掲示される。その奥に進むと、二二歳の渡邉が「夢への決意」をしたという飛行機で渡米した際の座席が復元されている。来館者は実際に、そこに腰かけてみることができる。

続いてのコーナーでは、ワタミグループが手がける宅配弁当などの事業が社員の賛辞とともに紹介され、あわせて渡邉が理事長を務める郁文館学園の紹介がパネル展示と生徒の作文で示される。最後に展示されるのは、『ワタミグループ理念集』および、そのもととなったグループ報『体の重い亀』（毎月発行）である。これらは電子化され、閲覧が可能となっているが、社外秘でコピー等は一切許されない。

館内の至るところに渡邉が笑顔で語りかけてくる動画が流され、「セブン、セブン、セブン」という動画からの掛け声が響き渡っている。これらは「夢」とそれを実現することの素晴らしさを伝える仕掛けとなっており、あなたは一人ではない、常に仲間（同志）がいると、見る者たちに訴えかける。そこでは仲間（同志）とともに歩むことの大切さや、「仕事はお金のためにするものではない、人生そのものである」というスローガンが繰り返し説かれるのである。

企業博物館は通常の博物館と異なり、モノを通して企業の存在価値を伝えることに意義がある。そこではおおむね、当該企業が提供する商品やサービスなどの可視化により企業イメージがシンボライズされる。

これまで三つの企業博物館を見てきたが、いずれも創業者のライフヒストリーを軸として、企業が歩んできた歴史に沿った展示がなされ、その中心には常にゆるぎない企業理念が据えられている。そこでは様々なモノを効果的に配置することで、創業者たちの足跡をたどりながら、来館者たちを企業側の構想した世界観に引き込む仕掛けが存在していた。すなわち企業博物館とは、企業が記念し、記憶すべき事物を選別した上で提示する装置であり、企業理念を投影するメディア的な役割を担っているといえる。

また、それは上層部によって、経営陣の、さらには社員全体の利益となるべく意識的に作り上げられたものでもある。それゆえ、企業博物館には社員のみならず、消費者である来館者たちをも魅了する様々な象徴が効果的に配置されている。このように企業利益への誘導を暗黙の前提とする場において、展示物の「選別」が行なわれている点を看過するわけにはいかない。

企業の発展は常に国家政策と連動してきた。そのため、展示の重点は企業の発展ないし成功に置かれている。つまり、そこに展示されるモノは一企業の枠を超え、国家の目指す方向性に照らし、象徴としてよりふさわしい展示物が選別される。企業理念は国家の歴史的文脈に埋め込まれたものとして位置付けられ、事物の配置はそうした物語に沿って行なわれる。

さらに明示はされないものの、展示物とその配置の仕方には、当該企業が目指す未来の在り方が投影されており、いずれの場合も国家政策と連動するような展示物の選択が行なわれている。

たとえば、トヨタ産業技術記念館では「民族産業」という特異な用語を記した吊り下げ型の看板が、様々な角度から目に留まるよう設置されている。それはカナダ、イギリス、その他の国々において株式を独占することで、当該国の自動車工業の芽を摘み取るにとどまらず、さらに日本にまで触手を伸ばしてディーラー（販売会社）網を広げ、販売組織の全国的展開を目指していた米国のフォードやGM（ゼネラルモータース）に対する危機意識によるものだ。つまり、これと戦って勝利せねば「民族産業」としての日本の自動車工業の未来はない、という喜一郎の決意を示した言葉だったのである。言いかえれば、米国による自動車工業の市場支配からの独立を期したトヨタが、強固な民族＝国家意識に基づく「民族産業」としての自社のヴィジョンを、企業理念に掲げることとなったのである。

より直截な表現は、ワタミ夢ストリートの展示に見受けられる。創業者が事業の成功によって国政を志向し、実際に国会議員になったことが、サクセス・ストーリーとして展示の中に織り込まれている。ここでは立志伝中の人としての創業者、企業、国家が三位一体となり、「夢」「成長」といったポエムとともに明確に提示される。

一方、トヨタとヤマトでは、企業の歴史が年表で示され、国家的な出来事と連動させるような構成となっている。年表はこの二社に限らず、多くの企業博物館で展示されていると考えられる。これは来館者たちが企業の歴史を俯瞰しやすいよう配慮したものであろうが、暗黙のうちに近代日本から今日にいたる国家の軌跡をたどることを意味する。

企業博物館にはこのように、様々な象徴を駆使して企業の成功物語とそれを後押しした国家的政策を演出するメディア的機能が見出される。そこには企業のみならず、その背後にある国家の過去を想起させる記憶、あるいは創業者や企業の偉業に潜む国家的意味を記念する「記憶の場」としての性格が内包される。加えて、来るべき成功を象徴的に予示するような記憶を構築する上でも、企業博物館の展示はその意味の担い手として位置付けられる。

そして、これらの象徴的事物を適正に配置する役割に沿うよう、企業理念の文脈が取り出され、展示に活用されている。さらに、配置された象徴群を効果的に演出し、イメージ化して記憶を定着させる装置として、展示室に流されるメロディーがある。その特徴として、単調な旋律の繰り返しにより記憶されやすいことが挙げられる。

米国のディズニーランドにはボートで巡るアトラクション「イッツ・ア・スモール・ワールド」があり、そこではこれと同名の主題歌が流れている。『ディズニーランドという聖地』（岩波新書、一九九〇年）の著者・能登路雅子は次のように述べている[註40]（傍点・引用者）。

この曲がディズニーの注文通り、いかにシンプルで覚えやすいかは、この人形館から出てくる子供がこの歌をよく口ずさんでいるのを見てもわかる。一周およそ一〇分の周遊のあいだに無限に繰り返されるこのメロディーは、たとえ忘れようとしても、頭にこびりついて離れないような強烈な粘着力をもっているのである。

日本の企業博物館に戻って考えると、ワタミの例がこれにあたる。ワタミの介護現場で働いた経験をもつ中村淳彦は、ワタミ夢ストリートの展示を見学した際の感想を次のように書き留めている[註41]（傍点・引用者）。

そして博物館のいたるところで渡邉美樹があの笑顔で語りかけてくる動画が流れ、〝夢〟の素晴らしさを語っている。（中略）私は渡邉美樹の像の前で、介護現場で美辞麗句漬けとなっていた絶望の日々がフラッシュバックして、〝渡邉美樹の生き様〟コーナーで夢という言葉が何度も何度も聞こえてきて、完全に限界となった。胸やけがして気持ち悪くなり、視界が霞みだしてたいへんいいにちすくんでしまった。

このようにワタミの場合はディズニーランドのメロディーとは真逆で、口ずさむどころか、逆に気持ちが悪くなる記憶がリフレインするマイナスの効果しか持たないメロディーであったようだ。ちなみに筆者も同館を見学したが、言葉というよりもがなり立てるようなメロディーばかりが頭に残った。

ワタミ夢ストリートに突出して見られるのは、企業理念というポエムを啓蒙すべく編み上げられた数々の象徴物、文脈化された展示とその背後に流れるメロディーによって演出された壮大な宇宙空間としての企業博物館の性格である。これは多かれ少なかれ、どこの企業博物館にも見出される特徴であろう。

次節では、そうした企業ポエムの一例として、企業理念という社内外に広報されるべきマクロなポエムを下支えする従業員に対し、「日本的経営」の神話に依拠した経営者たちが用いる「家族」や「家庭」という比喩を取り上げる。これは社内向け、かつ従業員たち個々の私生活に介入するミクロ次元でのポエムである。以下、「日本的経営」の神話化とともに、その構築過程を探ることにしたい。

企業戦士は良き家庭から

温(恩)情あふれる経営家族主義?

企業にとっての「家庭」という問題を論じる際に、「経営家族主義」とこれにともなう「恩(温)情主義[註42](パターナリズム paternalism)」という点は避けて通ることができない。日本の経営の特質を語る上で、温(恩)情主義と経営家族主義とを重ね合わせる視点はなくてはならないものである。

一九五八年、米国の経済学者・アベグレンの著書『日本の経営』の刊行を機に、経営家族主義は、日本的な経営に一貫して見られる普遍的な原理として産業社会学や労務管理史などの分野で活発に取り上げられるようになった。

そこで注目されたのが日本的経営にまつわる「集団主義」という点である。たとえば、社会学者の尾高邦雄は、その基盤となる特性として「全体的秩序の存続繁栄と集団内生活の全体的な安寧幸福を、そこにおける成員個々人の能力発揮や個人的欲求の充足にさきんじて重要視する価値志向[註43]」を挙げ、日本的経営とは、そうした「集団主義の価値理念を近代的な企業その他の組織体に適用することによって形成されたわが国特有の人事労務慣行の体系」であると指摘した[註44]。よって経営家族主義とは、そうした集団主義に包括されるものと考えられる。

「経営家族主義」という言葉の起源は、第二次世界大戦以前の史料には見当たらない。そこでは「家族主義」または、「温情主義」と称される、経営上試みられた施策が見出されるに過ぎない。

第二次世界大戦前の日本における経営の歴史的展開過程の分析を通して、「経営家族主義」という用語を用い、これを日本的経営の特質として捉えようとしたのは社会学者・間《はざま》宏である。間は経営家族主義について、「研究者が当時実際に行われていた経営理念や管理施策から、理想型的に概念構成したもの」と断った上で、これを日本にもとからあった普遍的な経済原理というよりは、むしろ労使の対立を乗り越え、その一体化を目論む資本家や経営者の側から生み出された「商業という営利活動と、家という集団永続の行動とが同居」した概念と捉えている[註45]。ゆえに経営家族主義の理念には、企業を軸として対内的にも対外的にも社員の一致した態度をうながす機能があるという。この点について、彼は次のように説明する[註46]（傍点・引用者）。

> 企業の内部では、資本家・経営者が、従業員の行動を経営目的に向かって方向づけ、それを披露することにある。そればかりでなく、外部企業に対しては、彼らの経営行動が社会的にみていかに正しいかを、明らかにし、それによって、外部の人々の理解と協力をえることである。

そうした態度は「ウチ（引用者注：「内輪の人間」と見なされる人々）における強固な団結、ソトに対する強固な対抗意識」を生じさせることで、「同業他社に負けるな、同企業他工場に負けるな、同工場他職場に負けるな」という企業の業績向上策として利用されることになったという。[註47] そして、こうしたウチなる団結により効力を発揮した経営家族主義を「家族的美風」と捉え、その始まりは不明としつつも、おそらくは大正中期以降、ドイツやアメリカなど欧米企業の管理政策が紹介されたことが大きかっただろうと推測する。

また、間は、paternalismの訳語に「温情主義」を当て、これは「資本家・経営者が、自己の雇傭者にたいし、下からの権利としての要求や外部からの義務としての強制によらず自ら進んで、被傭者の生活に好意的な配慮（引用者注：資本家・経営者自身が主観的にそう考えているのであって、被傭者にとっては迷惑な場合もありうる）を加えようとする態度」であるとの私見を述べ、戦前の日本における温情主義は「恩情主義」と捉えられるという独自の視点を展開している。[註48]

間は、日本における「温情主義」採用の嚆矢は不明としながらも、古河鉱業日光電機精銅所の所長であった鈴木恒三郎が、同社退職後の一九一五年に刊行した『労働問題と温情主義――一名温情主義の実験と其反響』（用力社）の中で「温情主義」を「温かい主従の関係」と述べたことがきっかけで、一般化されていったと推測している。[註49]

これに対し、鐘紡の武藤山治《さんじ》（一八六七〜一九三四）は、「温情主義」を「一家族の間に存する温情」とし、そうした考えに基づく「大家族主義」を柱とした経営を一九二〇年代に行なっていたという。ところで「温情主義」という語が使用されてきた変遷をたどると、それは労働者保護を謳った「工場法」の制定をめぐる論争の過程で頻出するようになった点がうかがえる。[註50] そうした中で「温情主義」は官僚たちの間で、前出の鈴木が指摘したように、雇用によって生ずる「主従関係」を前提としたものと認識されるようになる。たとえば工場法の立法化を推進した農商務官僚の岡實は、儒教の教書である四書が説く儒教道徳に基づき、温情主義を主従間の「恩愛の情」として解釈した[註51]。

それでは、アベグレンに触発され、高度経済成長期の経営家族主義をめぐる論客となった間自身は、温情主義をどのように捉えていたのだろうか。

以下に間の見解を引いておこう。それは経営家族主義における人間関係を儒教的なタテの人間関係、すなわち「オヤ・コ」、さらには「家」を媒介とした祖先祭祀、ひいては、これを国家との関係にまで敷衍《ふえん》させるという、実に多面的なメタファとして展開された[註52]（傍点・引用者）。

> 儒教思想以来の伝統として、集団の理想像は家族に、タテの人間関係の理想像はオヤ・コ（とくに父と子）に求められてきた。たとえば、国家もまた「家族国家」であることが、世界に優越している理由であると主張され、天皇と国民とはオヤ・コの関係（天皇の「赤子」の考え方）で捉えられた。（中略）労使関係についてもオヤ・コ的温情関係こそが、もっとも望ましいあり方だと考えられ、そして日本の経営には、実際にこうした家族的美風が強く見られ、それゆえに価値がある、と主張された。（中略）企業も一種の大家族だ、あるいはそうするのが善いとする考え方、これが経営家族主義の理念であり、この経営理念こそが、戦前の集団主義的経営を特徴づけていたのである。家族制度の理念は、このように暖かい感情的融和と家の永続のための厳しい禁欲や統制という二つの観念によって成り立っていたが、両者のうちでより重要視されたのは後者であ

り、そして戦後の改革が対象としたのもまた後者であった。

間は経営家族主義について、「封建時代における家業形成（その典型は商家にみられる）が、明治以後の近代資本主義企業の中に再編されたもの」と捉えており、そこから、経営家族主義を日本の「家」制度と結び付け、伝統的なものと解釈していたと考えられる。[註53]だが、「家族的美風」とされる温情主義が、家族を超えて国民統合のレベルにまで拡大されるものとして、自身の経営家族主義を論じた点については、本質主義的な印象を否めない。

間によれば、温情主義は「主従関係の恩情主義」（明治期）から「家族関係の恩情主義」（大正・昭和期）へと変化しながら戦後にも存在し続けたというが、この二つの温情主義の根底に「使用者側の被傭者に対する配慮」として恵む、情けをかけるといった「施恩と報恩という『恩』意識」があるという意味では、本質的に同一と見なせるだろう。[註54]間の議論の根底には経営戦略という実際的な側面よりも、日本文化を特殊なものとして美化する理想主義的なまなざしが潜んでいるように思われる。

それでは現実問題として、雇用関係が家長と従者、さらにはオヤ・コとの関係性へと置換されることで、「温（恩）愛の情」を家族のような関係にあると認められた人々に注ぎ込むような経営システムは、なぜ必要とされるようになったのか。

この問題について労使関係論の兵頭釗《ひょうどうつとむ》は、日露戦争を通じて重工業大経営に転ずる過程で、徒弟制度という名の主従関係から輩出されてきた職人が減る一方で、賃労働者が急増する状況の中、企業が労働者との間に新たな関係を構築することが急務とされた点を指摘している[註55]。そこでこの時期、労働者との間に「主従の関係を保たしめ両者の情誼的関係をして益々密接ならしむる」ための方途として、職工の自社内養成という直接的管理体制への転換が企図されたが、その強化はかえって労使間の対立を激化させることにつながった。そこで考案されたのが、主従の情誼を利用して労使間の対立を隠蔽し、「経営そのものを家族とする観念のうちに労働者をイデオロギー的に動員」を図る労務管理であったという[註56]。

このように、雇用関係に「主従の情誼」としての「恩（温）情」などを説明原理として経営戦略に巧みに編み込み、労働者の動員を図るという経営家族主義の本音ともいうべき思考は、労使関係の悪化を背景に登場してきたといえよう。

同様の見解は、経済史の隅谷三喜男も示唆している。隅谷もまた日露戦争後の時期を労務管理の転換期と捉えており、そこに「契約的労使関係」から「家族主義的労使関係」へ、という推移のあったことを想定している。だが隅谷は、この転換過程で登場した家族主義的イデオロギーへの動員については次のように述べることで、労務管理上用いられた戦略を時代的文脈に即して説明するにとどめている[註57]。

> 恩恵主義あるいは温情主義と呼ばれるものが強調されたことにも示されるように、従来の主従関係的情誼論がいずれかといえば、主従の社会的な上下関係に力点がおかれていたのに対し、今や家族的情誼がもっぱら強調されるようになった。

そこでは先にあげた兵頭と同じく、温情主義を祖先祭祀による家族にとどまらず、儒教規範を基調とした近代的な家族国家観にまで敷衍した、間の論点は素通りされている。

経営学の野村正實の証言によれば、兵頭は「一九二〇年代における労働移動率の低下という事実を指摘するとともに、企業内昇進制の導入や定期昇給制の形成など、いわゆる日本的雇用慣行の端緒が見られる」と主張していたというが、一九三〇年代以降の事態については口をつぐんでしまった。だが兵頭は後に、現実に日本的経営の基盤となる終身雇用が慣行として定着した時期について、「六〇年代を迎えてからである」〈註58〉と明言したという〈註59〉。また、隅谷三喜男も一九六一年の論文において「終身雇用と年功制を二本の柱とする経営家族主義」と述べていることから、この時期、日本において労使間の関係を家族主義と呼ぶことは既に一般化されていたと考えられる〈註60〉。

一九六五年になると経済同友会による「新しい経営理念」が発表され、その中で、「日本の経営の特徴といわれた温情主義、経営家族主義にかわる組織理念の確立」を目指すべきとの指針が示された。つまり経営家族主義は日本的経営を特徴づける既成事実と目されつつも、一方では克服すべき対象として認識されていたことがうかがえる〈註61〉。だが、やがて高度経済成長をへて一九八〇年代に入ると、日本企業の競争力が国際的に評価されるようになり、そうした中で経営家族主義は文化人類学・社会学などの分野から注目を集めるようになる。集団主義研究に依拠した日本文化論の隆盛とも連動しつつ、経営家族主義が日本的経営の本源をなすものと捉えられ、逆に日本の先進性を礼賛する対象へと転じたのである。だがバブル後の平成不況、そして失われた一〇年、二〇年をへた現在、もはや恩（温）

情主義・経営家族主義に依拠した日本的経営は、当然ながらその存在意義を失いつつある。前記した野村は、経営史の榎一枝の言を取り上げて、次のように結論づける。〈註62〉

もはや「経営家族主義」は近代日本のパターナリズムを論じる際の分析用語たり得ない。

それでは実際に企業で着想された「家族」、「家庭」戦略とはどのようなものであったのか。以下、この点について検討したい。

「家庭」、「家族」幻想(「ポエム」)

「家庭安全」という視座

企業の「家族」、「家庭」に対する視野は、社員の生命を守るために実施される「安全」戦略の中で着想された。

「安全」理念は大正期に導入されたが、今日につながる基本原理を確立したのは高度成長期に入ってからと考えられる。この時期、相次ぐ合理化により予測不能な惨事と身体の毀損が発生したため、これに対応すべく企業は「安全競争」を繰り広げていた。この時代、労働者たちに要求されたのは生産者であると同時に「安全人」(safety-man)でもあることだった。災害は職場の士気と生産効率を低下させる。そのため、企業の実施する「安全競争」は合理化に適った戦略だったといえる。企業は安全戦略を実践に移すために「安全仲間」を組織し、これを通じて戦略は個々の労働者に伝達されることとなった。その戦略の一つとして取り上げられたのが「家庭安全」であった。

従業員には企業の人道上・経済上・社会的信用の三つの見地から、「安全人」たることが求められたため、これを遵守出来ない者に対しては「不安全人」というレッテルが貼られ、人事考課の対象とされたという。この「安全人」による安全戦略に「家庭」を援用するという着想は、次に説明する「汎愛」という儒教的思考との関連から見出された。

中国思想の加地信行は以下のように説明する〈註63〉（傍点・引用者）。

遠い遠い祖先から生命（遺伝子）が連続して自分につながっている（中略）この〈生命の連続〉の実現の場が家庭であり、実現者が家族だということです。すなわち家族の背後に祖先からの連続を意識することになります。

そして、「汎愛」については次のようであるという〈註64〉（傍点・引用者）。

いきなり万民平等的にだれをかれをも愛するというのではなくて（中略）自分に親しい親や子どもに対してまず愛情をつくし、それが十分にできたあとで、しだいに他人に愛情を及ぼしてゆけということなのである。それが儒教の「汎《ひろ》く愛す」るということなのである。余力があれば、そのとき他人を愛するという意味の博愛である。（中略）自分から見て親しさが遠くなってゆくにつれて、愛情の量が比例して少なくなってゆくことを表わしている。

つまり、「家庭」とは本来、各々の祖先との生命の連続を体現した家族の参与を通じた憩いの場を指すが、そこでは個々人の精神的成長に応じて愛情対象を拡大する「汎愛」により、家庭という親族的な空間を超えて他者への愛情が及ぼされるようになるというのである。かくして、労働者たちに対しては、「家庭」の一員であるかのように「安全仲間」へと愛情を向けることが奨励され、その実践が可能な者が「安全人」として価値付けられることとなった。

社会科教育と「家庭」像の構築

「汎愛」の核には「家庭」が存するという思考に基づき、企業が推奨する社会科教育（本書一三頁参照）においては、労働者たちの良好な「家庭」像の構築が第一の課題となっていた。その実証研究の事例として産業化のけん引役を果たした北九州・八幡製鉄所（以下、製鉄所）を取り上げることにしたい〈註65〉。

労働者の家族に求められた「家庭」像は、従順な妻、そして彼女の前では良き夫として、子どもたちの前では良き父として振る舞うことにあった。

＊夫、そして父としての労働者像

労働者本人に対しては、これまではその手にすることすらかなわなかった地位への昇進を可能にする作業長制度（一九五八年）が実施されることとなった。これにより職場という擬似的な家族関係において「家長」と見なされる作業長となることが、夫・父として家庭内においても尊敬を受ける「家長」という地位に対する保証となった。その効果は絶大なものであり、一時は「作業員にも青空が開けた」と称賛されるほどだった。しかし、その道のりは厳しかった。というのも、終業後に教育センターに通い、幾つかの講習を受け、さらに最終関門として筆記試験、続いて職員との面接をへてようやく合格を手にする、というように何重もの試練をへなければならなかったからである。そのため、八幡の町中の電柱には「家庭教師求む　連絡は○○まで」という貼り紙が付けられていたという。そして、我が子ほど年齢の離れた大学生から数学・物理など高卒レベルの教養科目の手ほどきを受け、時には「いったい、受かる気があるんですか！」と容赦のない叱責を受ける光景も見られたという。

✴妻への視座

一方、女性に対しては妻・母と地位役割が固定される側面も見られた。それには二つの契機が関係している。

第一に、「良い家庭こそ安全の母体」とするスローガンのもとに、家庭内でのトラブルを解消するとともに、夫を仕事にのみ専念させ、出世を後押しすることを目的に夢のマイホーム獲得に向けて貯蓄・倹約・栄養指導などを奨励する福利厚生運動である「新生活運動」（一九五三年～）が挙げられる。日本鋼管を嚆矢とする新生活運動は、労働省の肝いりで推進された政策であった。その目的について、労働省労働局安全課課長補佐であった松沢春雄は、第一回幹部講習会の席上で次のように述べている〈註66〉

（傍点・引用者）。

自分の家を一歩出たら、家のことは忘れて仕事が出来るようにしなければならないと思います。労働者諸君は家庭を持ちますならば、家長として、あらゆる面に於いて心配ないようにしてでなければなりません。

活動の効果は絶大であったようで、「家庭と工場が直結された感がある」、「親、夫、兄弟、子供の職場を知ったため、生産に対して家庭がいかに大きな影響をもつかを知った」、また「工場の危険突破は家庭から始めなければならない」などというように主婦たちの意識に変化をもたらすことになったという。

第二に、職場が計画した工場見学とその後で実施された「安全座談会」（一九五七年〜）が挙げられる。

工場見学では、騒音や高熱にさらされる夫の作業現場を妻に追体験させるという形で行なわれた。しかし、見学そのものよりも、むしろその後で催された「安全座談会」に真の目的があった。夫たちは妻に自分たちの仕事への理解は望んでいたが、粉塵や油でまみれた薄汚い姿まではさらしたくないという思いを抱いていたことから、同席することについては嫌がった。しかし、それこそが「安全委員」たちの真の狙いであり、妻たちに対して「安全」の見地から「家庭」への指導を行なう絶好の機会と捉えていたため、労働者たちを半ば無理矢理に同席させ、「夫婦喧嘩」を題材に活発な討論の場とした。その結果、次のような妻側の意識変化が見られたという〈註67〉（傍点・引用者）。

座談会の席上にも、感想文の中にも従来の認識が浅く、家族として主人に仕える態度が余りにも足りなかったことを悔いる声（亭主関白も仕方ないと思いました。これからはビールの一本くらいの晩酌を与えてやりたいと思います。夫婦喧嘩の場合は三回に二回は負けてやらなければならないと思います。）

彼女たちが体験したのは巨大な工場と耳をつんざくほどの轟音が鳴り響き、皮膚の露出部分が焼け付きそうになるほどの凄まじく過酷な環境だった。これに驚愕し、そこで働く人々を自分の夫の姿と重ね合わせることにより、夫への思いやり、「家庭の主婦」という自らの役割へと覚醒していったのである。その意味で、まさに管理者側の意図は達成されることになった。しかも、彼らの目論見以上の効果も得られた。というのは、妻たちが垣間見せられた場所は、夫たちが働く、広大な空間の中でも最も過酷な職場環境の一部に過ぎなかったからである。それに加えて、一人の提出した感想文の背後には無数の読者である工場見学には参加していない妻たちが存在する。つまり、この一部の妻たちの語りには、企業側の意図する言説を媒介し、これを拡大再生産させる機能的意図が担わされていると考えられるのである。

以上の点は、新生活運動とも連動しつつ、家庭を下支えする「妻」としての役割への期待を示唆するものである。さらに言えば、家庭に仕える「主婦」としての姿勢を首肯するものであると言えよう。

✴子どもたちへの視座

子どもたちに対してはどのような戦略が講じられたのであろうか。

労働省は学校教育を利用し、安全週間にちなみ、小中学生を対象に「安全」をテーマとする懸賞作文の募集を実施し、入選作品を雑誌『安全』に掲載した。次の作文（中学三年生、女子）からは「家庭」を射程とする「安全」教育の成果の程が如実に示されている。

パルプ現業所に勤務する父親が労災にあい、その怪我をめぐって、家族たちのうち沈む様子が物語られる[註68]（傍点・引用者）。

> けがというものは家庭内を暗くするものである。たいてい不愉快な時に丸太から足をすべらしたり落ちたりする。父がけがをした時は家では母や弟妹が風（ママ）を引いて寝込んでいた時だった。（中略）その日の帰りは大変おそかった。七時になっても来ない。母はがまんしきれず起きてきた。ようやく七時半頃戸があいた。私は急いでガラス戸をあけた。父の弁当を受け取って後から付いて行くと、何だか足を引きづっているように思った。（中略）私はいつもなら父とは気軽に話をするのだが、その時は別人のような気がして話が出来なかった。私は勇気を出して聞いたが、なかなか言わなかった。しぶしぶ口を開いて「丸太に足をはさめた」と言った。ほうたいは三重にも四重にもまかれてた。夕飯の時もいつもなら学校の出来事や、面白かったことを話すのに葬式の様だった。父は寝るときも黙ってふとんのなかへはいった。私があとかたずけをしていると

「笑顔がどんなに大事かわかったよ」と母はしみじみ言った。

興味深いのは、「笑顔」に象徴される普段の「家庭」内の明るさを奪った要因を、彼女が労災による怪我と関連付けている点である。つまり、災害の無い状態から明るい平穏な「家庭」は生まれるということである。そして、本来の明るい「家庭」を「まるで葬式の様」な不幸へと陥れる災害は、「安全」意識を自覚することにより避けられる、という「安全」言説が、「家庭安全」教育の受け手である家族員、ここでは子どもたちに見事に伝えられている様子が読み取れるのである。そして、その「安全言説」は入選作として、また文集に収められることを通じて価値付けられ、学校教育の現場へと還元されていくのである。そこには、一家団らんの場としての家庭像をクローズアップすることにより、理想的な家庭の姿を投影する「笑顔」の子ども像が暗示されているといえるのである。

メンバーシップ結集の場としての「家庭」

次に、これまで検討してきた夫・妻・母、そして子どもといった家族成員たちを一挙に結集させ、互いに理想的な「家庭」像の構築に資すべく考案されたのが「社会科教育」であった。

家族たちが夫や父に向ける愛情、ことに教習所での日々の受講を支えた夫婦愛、親子愛を物語る数々のエピソードは「家庭美談」とされ、それは一九六二年以降、急増していく。

八幡製鉄所職工出身の教育部講師・灘吉国五郎の講義（一九五七年〜）に対する受講生たちの感想文とこれを基に編集されたテキストからは、家族の一致協力により講習を乗り切った様子がうかがえる。

感想文を例とすると、入職二一年の四三歳の場合、早速その年の感想文で、中学三年生の長男から受けた助力を「喜ぶ」として、次のように述べる（傍点・引用者）。

お父さんに充分に教へることが出来ず（私が子供より習ってゐました）同時に僕にも（子供）復習になったと喜ぶ。

これと同世代の四六歳（入職二六年）の場合、夜半過ぎまで学業に勤しみ、床についてもなお眠れぬ自分のことを「卒業する頃は髪の毛がなくなると子供たちが心配する」ほどだったと、家族たちの愛情表現に対してユーモラスな回想を交えながら感謝している。

一方、入職一四年の四〇歳は、妻の「努力」により無事、講習を終えることが出来たという。これは何らかの事情により妻の代筆となったものであるが、その点が却って双方向的に愛情を注ぎ合う「家庭」の理想的姿を演出する巧妙な仕掛けともなっていたとも受け取ることが出来る。「妻の勤め」は「夫の心労を柔らげる」ことで職場での「顔色」を良くし、「安全」に職務を全うさせることにあるとされる。それはまさしく社会科教育が意図した通りの結果であったといえる（傍点・引用者）。

主人共々勉強し主人の力に少しでもなろうと夜十一時、十二時復習の終るまで私も努力して夫の心労を柔げる様にするのが妻の務めと心掛けています。

また、こうした家族たちの無償の奉仕に応えるように、これまでの自分の家庭での態度を自省的に振り返る殊勝な姿も描かれる。例えば、入職二五年の四四歳は、自分のパチンコ癖に対する妻の小言を、次のように合理化して解釈する。

私の身体や又明日の出勤工場に出て仕事するのにけがでもしたらいけないと思って心配して言うのです。

他方、三〇代の男性はこのように回想する（傍点・引用者）。

家庭でのトラブルが心のしこりとなって（中略）その日一日の作業能率に大きな影響があることも事実ですし過去をふりかえってみますとそのようなことはしばしばあった事です。（中略）私の妻に対する無理解さがその殆どを占めています。

また、一九六〇年頃からは職場の安全に向けて夫婦円満による憩いの場としての家庭像の構築を目的に「妻の座・夫の座」というテーマにも比重がおかれるようになっていく。

これらを用いて、夫婦をリーダーに家族構成員が各々の役割期待を相互補完的に果たすことで実現される望ましい家庭像が提示されることとなった。

愛社心の発露としての社会科教育

＊包摂される私領域（一九五〇年代後半以降）

「家庭安全」戦略の理念化の過程において「家庭」と「職場」を連結する上で〈社宅〉の意義は大きい。一九四九年以降、八幡では鉄筋社宅の建設が相次いだ。その結果、各「家庭」のプライバシーは、厚い壁一つ隔てて守られることとなった。社宅は独立した戸でありながら、総務課、及び会社の上下関係を通じて管理されることとなった。

あるＯＢの妻によれば――

昭和三〇年代のことかな。労災が頻発したん。そんで、安全祈願ちゅうの、そんためにな、私ら社宅の妻たちが千羽鶴を折って会社に送ったんよ。ほいたら、そりゃあ美談ちゅうことんなって社内報やら組合の機関紙やらに取り上げられたんよ。でもな、実ん所は職員さんの奥さんを中心にして始められたん。そん人たちが号令して、いついつまでに仕上げろとね。まあいってみりゃあ、強制されたんよ。でもな、それでもどげんしても出世したいという人が多かったから、そんな家じゃあ、それこそ家族総出で必死んなって夜なべでもして作りよったんよ（笑）。（筆者の聞き取り）

その根底には社宅は会社の延長という認識が存在していたと考えられる。このように「家庭」の側もまた昇進競争を勝ち抜くべく、地域＝〈社宅〉の祭りや子どもの運動会のみならず、会社主催の運動会などの催しに積極的に参加する姿勢を取らざるを得なかった。その結果、妻子を中心とした「家庭」の企業への組み込みが、〈社宅〉単位で進められることになった。つまり、元来私領域であるはずの「家庭」を職場へと包摂させる役割を〈社宅〉が果たすこととなった訳である。そしてこの〈社宅〉を介して「家庭」を職場へと連結させる意図のもとで考案されたのが社会科教育であった。

＊社会科教育がつむぐ和(合)、そして愛社心

既に述べたように、「家庭」と職場を空間的に結びつけたのが〈社宅〉であったのなら、両者を理念的に結びつけた社会科教育に内包された理論とはどのようなものであったのだろうか。

《社会科教育における人格教育と修養主義》

先に述べた灘吉国五郎により推進された製鉄所の社会科教育は、安全課（労務部所管、一九五四年発足）との緊密な連携のもとに進められた。講義は当時最先端であった、T・W・I〈註69〉やホーソン実験〈註70〉に基づくインフォーマルな人間関係論など米国流の管理手法を導入したテキストをベースに進められたが、実際は「人格教育」に比重を置くものであった。

灘吉の作成した講義用ノート『社会科の指導と人間性』（私家版、一九六〇年）では、企業にとって望ましい「個人・人格」とは職場の仲間との連帯関係を通じて生成されるものであり、社会貢献のための労働を誇りとし、そこから強固な帰属意識と勤労意欲を自ら引き出すような人間である点が強調

される。この視点は、テキスト『標準教科書　職場社会（職場の人間関係）―普通科』（八幡製鉄所教育部、一九六二年）に体系化され、そこでは協調性による能率達成を推進するための基本的な考え方として「安全第一」が措定されている。

章の多くが「安全第一」に割かれている理由としては、次のように説明されている。

　事故は本人に苦痛をあたえるだけでなく、作業能率は低下し、コスト高となり、また内外の信用を失わせる。

怪我を負った本人の苦痛よりも、企業経営の行く末の方に比重を置いた記述であることが理解される。そこでは、「個人・人格」を強調しつつも、これを会社に合一させることを意図し、「修養主義」という独自の論理展開がなされた。

このことは宗教社会学のR・ベラーの言を借りて説明すれば次のようになろう[註71]（傍点・引用者）。

　焦点がそれ自身のうちにある個人の人格の統合に置かれている。（中略）利己心は最大の罪なのである。利己心は、外的な義務の正当な返済を妨げ、また、人間の内的な本性の真の調和をやぶる。一方、利己心のない献身は、慈悲深い至向的存在と「完全な」関係をうちたて、同時に、個人を神的なるものに自己をゆだねさせる。この合一を通じて人は充実した自己の内省を発見する。何故なら、個人の内的本性は、その本質においては神的なるものと同一なものであるからだ。

人間の精神にとって到達点と見なされるべき調和的状態には、利己心にかられた行ないによっては到達しえないが、それが他者に対する心からの献身的な行為であれば、この世界を治める神なる存在の思いと個人の思いが一致することになる。なぜなら個人の内部には神なる存在と同一と考えられる性質が存しているからである。このようにベラーは説明しているのである。

また、M・ヴェーバーに依拠すれば、「個人・人格」の会社への合一は、「超神的で非人格的な、常に自己同一的な、時間的には永久不滅の存在」である「天」と「合一の状態に入る」こととも言い換えられよう。〈註72〉それは「汎愛」による「利己的欲望と戦う絶えざる努力」、すなわち自己と他者の本来あるべき望ましき調和的関係を意味している。ヴェーバーが見出したのは、日常生活の中で道徳として実践されている儒教において、至高の存在とされる天と個人との一体化が最終的な到達目標とされている、という思考である。これを援用することで、天を会社に類比させ、そこに個人の人格を合一させるという企業戦略が考案されたのではないかと考えられる。

現に、これについて先の灘吉のテキストでは次のように表現される。

自分の欲望をコントロールし、組織の人間として何が出来るかをいつも考え、それに自分の人格を一体化させるべく努力する必要がある。

以上に述べたことは、儒教的な思考、つまり「和（合）」という到達目標に向けてなされる修養主義の一端と解釈することが出来よう。果たして、自己と他者の関係は「汎愛」を媒介項として職場と「家庭」の関係にも読み替えられることで、「笑顔」が満ち溢れる「家庭」に象徴される「家庭安全」の達成こそが職場に「和（合）」をもたらすと喧伝されることとなった。そして、「汎愛」を職場の「和（合）」へと昇華させるには、「安全」意識の錬成と「愛社心」の錬成が不可欠であり、これを涵養するものとして社会科教育の重要性が説かれた。

次に「和（合）」、「安全」、「愛社心」の三つを結び付けた社会科教育に内在する論理について考えていくことにしたい。

《和（合）による安全と愛社心の育成》

第一に、和（合）による安全という点である。一九六〇年頃の八幡製鉄所構内では、スローガンとして〝明るい職場は人の和から〟が叫ばれ始めた。職場の明るさ、つまり自己のみならず、共に働く他者――内部に対しては強固な仲間意識を発揮し、外部に対しては強力な競争意識をもって対処する「安全仲間」と称される人々――との「和（合）」の状態が「安全」によって守られるとされ、それには先の修養主義による利己心の抑制が不可欠と説明された。このことは自己から他者への「汎愛」の拡大が「安全」を通じてなされていることを意味した。

ではこの「安全」を「汎愛」へと至らせるものは何であったろうか。そこから和（合）に向けた「愛社心」という第二の論点が導き出される。

一九五九年、八幡製鉄所では企業に従業員個人の人格を合一化させることを意図し、教育審議会が成立した。そこでは社外秘として以下のような教育基本方針が明記されることとなった（傍点及びカッコ内・引用者）。

有機的企業体の一員として、他と共同して経営能率向上に努めるような生産協力者を養う（目的のために）従業員の愛社心を培養し、会社の使命の重要性を自覚させ勤労意欲を増進させる。

社長達として提示されたこの基本方針に基づき、従業員の勤労意欲向上に向けて「愛社心」の醸成が唱導されることとなった。では、この新たに提起された愛社心はどのように「安全」と結び付けられていったのであろうか。

第三の点として、愛社心と安全の関係についてであるが、先の社長達以降、教育部（一九五九年発足）と安全課との間で緊密な連携が図られるようになった。こうした動きは、安全教育の体系的構築が、所属部署を超えた連携を通して目指されるようになったことを示唆する。これを機に、社会科教育は合理的思考法へと転換したともいえるだろう。従業員たちの「愛社心」育成にあたり、先に述べたように企業を儒教的天に類比させ、従業員個々の人格をそこに合一させるといった修養主義的な教育から、そうした道徳的思考を削ぎ取り、文書などによる実践的・合理的な教育へと転換を遂げたと解釈できる。このようにして、社会科教育の名の下に「安全」と「教育」の統合が図られていったと考えられる。（註73）

その過程で、愛社心達成には和（合）による安全が不可欠とされ、これには感情労働による和（合）

の象徴としての「笑顔」が唱導されることとなったと考えられる。事実、これを証するように、前記したテキスト『職場社会―普通科』には、「人の信頼をかち得るには、職場人としての心構え」として「人に好かれるには」、「人の信頼をかち得るには」という二項目が挙げられており、アメリカの鉄鋼王・カーネギーの「ほほえみは、心の太陽（宝）」という言葉で総括されている。そこからは、「笑顔」を動機づけとして「安全」が成立しているのであり、そこに和（合）による「安全」、及び「愛社心」の論理をすり合わせると、「家庭」と職場を結合させる「笑顔」に表象される「和（合）」を発動させるためのものとして「愛社心」が不可欠とされたと考えられる。

以上を整理すれば、先に述べた社会科教育のテキストの説く「安全人」とは、元来私領域である「家庭」を職場に従属させてでも、職場の「安全」を通じて拡大される「汎愛」に、同じ儒教倫理としての「和（合）」の発露として理念化させた「愛社心」を体現させた存在であったといえよう。

かくして、社会科教育は、企業戦士にとって「愛社心」の発露となる「大切な家族像」の創出に成功した。それは「良き家族（社員）」による「良き家庭（企業）」という壮大なポエムの始まりを意味していた。既にみたように、そこには役職の上下は観念上解体され、職場の仲間は自己の守るべき家庭に等しき価値を持った存在として認識されるに至ったのである。そして、後述するように、この家族幻想は現代の企業社会においても生き残ることとなったのである。

次章では、過酷な労働を助長しかねない危険性をはらむこのようなポエムを、企業側が社員に対し受容するに至らせるためにどのような論理を駆使したかについて検討していくことにしたい。

【註】

〈1〉松村洋平『企業文化―経営理念とCSR』学分社、二〇〇六年、一〇頁。

〈2〉横川雅人「現代日本の企業の経営理念―『経営理念の上場企業実態調査』を踏まえて」『産経論集（関西大学）』三七号、二〇一〇年、一二五頁。

〈3〉松下幸之助『実践経営哲学』PHP研究所、一九七八年、七～八頁。

〈4〉T・J・ピーターズ、R・H・ウォーターマン、大前研一訳『エクセレントカンパニー―超優良企業の条件』講談社、一九八三年、四六九頁。

〈5〉T・J・ピーターズ、R・H・ウォーターマン、大前研一訳『エクセレントカンパニー―超優良企業の条件』講談社、一九八三年、五三五頁。

〈6〉ジェームズ・C・コリンズ／ジェリー・I・ポラス、山岡洋一訳『ビジョナリーカンパニー―時代を超える生存の原則』日経BP出版センター、一九九五年、八九頁。

〈7〉田中雅子『経営理念浸透のメカニズム―一〇年間の調査から見えた「わかちあい」の本質と実践』中央経済社、二〇一六年、一二頁。

〈8〉廣川佳子、芳賀繁「国内における経営理念研究の動向」Rikkyo psychological Research Vol.57、二〇一五年、七三頁。

〈9〉田中雅子『経営理念浸透のメカニズム―一〇年間の調査から見えた「わかちあい」の本質と実践』中央経済社、二〇一六年、一頁。

〈10〉田中雅子『経営理念浸透のメカニズム―一〇年間の調査から見えた「わかちあい」の本質と実践』中央経済社、二〇一六年、一二頁。

〈11〉二〇〇八年六月一二日未明、ワタミ社員寮近くのマンションから、入社半年も経たない社員の森美菜さんが飛び降り亡くなった。二六歳という若さだった。彼女の死の真相が広く社会に知られるようになったのは、それから三年半後のことである。神奈川県労働者災害補償保険審査官によると、過酷な深夜勤務に加え、不慣れな調理の仕事に就かされて、一カ月で一四〇時間にも及ぶ時間外労働を課されたことが引き金となり、過労から来る強度の心理的ストレスを病んだことが自殺に至った原因と判定された。これに対し、原因企業であるワタミが「労務管理が出来ていなかったとの認識はない」との見解を出したことで、社会的な批判が巻き起こることになった。

〈12〉以上の記述は、中澤誠・皆川剛『検証ワタミ過労自殺』岩波書店、二〇一四年、六七〜七三頁による。

〈13〉渡邉美樹『社長が贈り続けた社員への手紙―渡邉美樹の夢をかなえる手紙』中経文庫、二〇〇六年、一四八頁。

〈14〉中澤誠・皆川剛『検証ワタミ過労自殺』岩波書店、二〇一四年、七四頁。

〈15〉渡邉美樹『社長が贈り続けた社員への手紙―渡邉美樹の夢をかなえる手紙』中経文庫、二〇〇六年、一三二頁。

〈16〉横田増生「ユニクロ潜入第三弾　黒字のため〝ロボット化〟する従業員」『週刊文春』第五八巻第四九号、二〇一六年、三八頁。

〈17〉秋山謙一郎『ブラック企業経営者の本音』扶桑社新書、二〇一四年、二八〜三二頁。

〈18〉香取貴信『社会人として大切なことはみんなディズニーランドで教わった―そうか、「働くこと」「教えること」「本当のサービス」ってこういうことなんだ』こう書房、二〇〇二年、二頁。

〈19〉新田龍『ワタミの失敗―「善意の会社」がブラック企業と呼ばれた構造』新日本出版社、二〇一六年、七四〜七六頁。

〈20〉中澤誠・皆川剛『検証ワタミ過労自殺』岩波書店、二〇一四年、七三頁。

〈21〉柳井正『柳井正の希望を持とう』朝日新書、二〇一一年、一七三〜一七五頁。

〈22〉武田晴人『高度成長　シリーズ日本近現代史⑧』岩波新書、二〇〇八年、ⅰ〜ⅱ頁。

〈23〉ピーター・F・ドラッカー、上田惇生訳『マネジメント［エッセンシャル版］―基本と原則』ダイヤモンド社、二〇〇一年、二五九〜二六三頁。

〈24〉中澤誠・皆川剛『検証ワタミ過労自殺』岩波書店、二〇一四年、一三〇頁。

〈25〉秋山謙一郎『ブラック企業経営者の本音』扶桑社新書、二〇一四年、一一三〜一一五頁。

〈26〉小田嶋隆『ポエムに万歳！』新潮文庫、二〇一六年、三七〜三八頁。

〈27〉武田砂鉄「解説」小田嶋隆『ポエムに万歳！』新潮文庫、二〇一六年、二五七頁。

〈28〉パトリシア・スタインホフ、木村由美子訳『死へのイデオロギー──日本赤軍派』岩波書店、二〇〇三年、一五三〜一五四頁。

〈29〉加藤典洋『［増補改訂］日本の無思想』平凡社、二〇一五年、一三二〜一三三頁。

〈30〉中牧弘允・日置弘一郎編『企業博物館の経営人類学』東方出版、二〇〇三年、四三五〜四六一頁。

〈31〉中牧弘允・日置弘一郎・竹内惠行編『テキスト経営人類学』東方出版、二〇一九年、一四六頁。

〈32〉中牧弘允・日置弘一郎・竹内惠行編『テキスト経営人類学』東方出版、二〇一九年、一七頁。

〈33〉中牧弘允・日置弘一郎編『企業博物館の経営人類学』東方出版、二〇〇三年、二一〜二二頁。

〈34〉中牧弘允・日置弘一郎編『企業博物館の経営人類学』東方出版、二〇〇三年、二〇〜二一頁。

〈35〉読売新聞特別取材班『トヨタ伝』新潮文庫、二〇〇〇年、三三頁。

〈36〉読売新聞特別取材班『トヨタ伝』新潮文庫、二〇〇〇年、七四〜七五頁。

〈37〉トヨタ産業技術記念館〈企画〉『「トヨタ産業技術記念館」ガイドブック改訂版』トヨタ産業技術記念館、二〇一四年、三〇六頁。

〈38〉産業報国会は、一九四〇年一一月二三日に政府の直接指導により結成された日本の戦時体制下における戦争協力のための労使一体を目的とする労働者の統制組織のことで、正式名称は大日本産業報国会、産報と略称することもある。

〈39〉調査時の二〇二一年七月現在、コロナウイルスの影響で実施されていない。

〈40〉能登路雅子『ディズニーランドという聖地』岩波新書、一九九〇年、一二一頁。

〈41〉中村淳彦『ワタミ・渡邉美樹　日本を崩壊させるブラックモンスター』コア新書、二〇一四年、一八八～一八九頁。

〈42〉相手の利益のためには本人の意向に関わりなく、生活や行動に対し制限を加えるべきことであるとする考え方（『広辞苑第六版』より）。本項では企業経営において、従業員に対し、温情を施すことにより従業員の不満を抑え、労使相互の関係を平穏に維持しようとする考え方として、これを扱う。

〈43〉尾高邦雄『日本的経営―その神話と現実』中公新書、一九八四年、六六頁。

〈44〉尾高邦雄『日本的経営―その神話と現実』中公新書、一九八四年、六五頁。

〈45〉間宏『日本的経営―集団主義の功罪』日経新書、一九七一年、一九頁。

〈46〉間宏『日本的経営―集団主義の功罪』日経新書、一九七一年、九〇～九一頁。

〈47〉間宏『日本的経営―集団主義の功罪』日経新書、一九七一年、三三頁。

〈48〉間宏『日本労務管理史研究』お茶の水書房、一九七八年、四四頁。

〈49〉間宏『日本労務管理史研究』お茶の水書房、一九七八年、四五頁。

〈50〉工場法とは、工場労働者の保護を目的とした法律で、我が国初の労働保護立法として一九一一年に公布、一九一六年より施行されたが、雇用者側からの反対が多く、現実的には実効性のないまま空洞化し、やがて一九四七年の労働基準法の制定により廃止された。工場法は啓蒙的な思想家からの反対もあった。福沢諭吉はその先鋒であり、同法の制定により労働者が権利意識に目覚め、労働組合を作ることを脅威に感じた福沢は、労使関係における温情主義の立場を強調し、工場法の制定に反対したという。近代的な人間関係の確立を叫んでいた福沢も、近代資本制工場における労使関係問題に対しては、前近代的な温情主義に基づく人間関係の適用による解決を主張していたのである（安川寿之輔『福沢諭吉の教育論と女性論』高文研、二〇一三年、九七～九八頁）。

〈51〉岡實『工場法論　増補改訂三版』有斐閣、一九一七年、九四一～九四九頁。

〈52〉間宏『日本的経営―集団主義の功罪』日経新書、一九七一年、九二～九四頁。

〈53〉間宏『日本労務管理史研究』お茶の水書房、一九七八年、三九頁。

〈54〉間宏『日本労務管理史研究』お茶の水書房、一九七八年、四四～四五頁。

〈55〉兵頭釗『日本における労使関係の展開』東京大学出版会、一九七一年、二九六頁。

〈56〉兵頭釗『日本における労使関係の展開』東京大学出版会、一九七一年、二九六頁。

〈57〉隅谷三喜男「労働運動の生成と推転」揖西光速編『日本経済史大系　近代』下巻、東京大学出版会、一九六五年、三七一頁。

〈58〉兵頭釗『労働の戦後史　上巻』東京大学出版会、一九九七年、一七一頁。

〈59〉野村正實『「優良企業」でなぜ過労死・過労自殺が？　シリーズ・現代経済学⑭―「ブラック・アンド・ホワイト企業」としての日本企業』ミネルヴァ書房、二〇一八年、九四頁。

〈60〉榎一枝、「近代日本の経営パターナリズム」『大原社会問題研究所雑誌』No. 611・612、二〇〇九年、三〇頁。

〈61〉榎一枝、「近代日本の経営パターナリズム」『大原社会問題研究所雑誌』No. 611・612、二〇〇九年、三〇頁。

〈62〉野村正實『「優良企業」でなぜ過労死・過労自殺が？　シリーズ・現代経済学⑭―「ブラック・アンド・ホワイト企業」としての日本企業』ミネルヴァ書房、二〇一八年、九五頁。

〈63〉加地信行『論語　ビギナーズ・クラッシックス　中国の古典』角川ソフィア文庫、二〇〇四年、一四頁。

〈64〉加地信行『沈黙の宗教―儒教』筑摩書房、一九九四年、一三三～一三四頁。

〈65〉二〇二〇年四月より日本製鉄が六製鉄所体制に統合されたことで、八幡製鉄所は「九州製鉄所八幡地区」に再編成され、これにより開業（一九〇一年）当初からの名称「八幡製鉄所」は消滅することとなった。

〈66〉人口問題研究会校閲『企業体における新生活運動のすすめ方―家族計画及び生活設計のすすめ方』アジア家族計画普及会、一九五九年、四九頁。

〈67〉梅本訓康「家族工場見学計画より実施まで」八幡製鉄所安全課『緑十字』一四一号、一九六一年、四頁。

〈68〉中学三年生、女「父のけが」『安全』七―一〇、㈳全日本産業安全連合会、一九五六年、七～一〇頁。

〈69〉Training Within Industry の略。生産部門における第一線監督者・職長を対象とする教育訓練。

〈70〉一九二四年から一九三二年までウエスタン・エレクトリック社のホーソン工場で実施された実験のことで、労働者の生産性の変化がいかなる条件のもとで生ずるかを検証した。

〈71〉R・N・ベラー、池田昭訳『徳川時代の宗教』岩波文庫、一九九六年、一五九～一六〇頁。

〈72〉M・ヴェーバー『儒教と道教』創文社、一九七一年、三七～三八頁。

〈73〉たとえば「戦後製鉄所の安全の父」とまで称せられた職場作家でもあった志摩海夫（一九〇八～九三年）は、安全課から教育部に派遣されている。また同様の動きは八幡製鉄所に限らず、近接した時期に富士製鉄でも起きていた。富士製鉄では一九六二年頃より、「人間関係」「仕事と人間」という科目名で、社会科教育に酷似した内容の作業長教育が実践されていたという。

III 死に至る服従

「恥」から見る服従

矛盾のループという檻

「人材こそ企業の宝」などと甘い言葉をかけながら、その実、企業理念という「ポエム」で煙に巻き、長時間労働、あげくはパワハラなどで従業員たちを縛り付ける日本企業の矛盾した現実。それなのに、負の無限ループから抜け出そうともせず、黙々と企業に従い続ける従業員たち。彼らは何ゆえに黙って服従を続けてしまうのか。確かに近年はＮＰＯやユニオン（会社に所属する労働組合ではなく、個人でも加入できる労働組合）などの支援をバックに、平然と労働者を〝使い捨て〟にする企業の姿勢に対抗して、自ら立ち上がる人も現れるようになった。しかし、それはまだ極めて稀なケースと言わざるを得ない。労働者の多くはいまだ不本意な境遇に忍従し続けているのが現状である。では、彼らがそうした矛盾のループの檻から抜け出せずにいるのは何故なのか。

産業医の阿部眞雄は、企業のみならず、医師や看護師・救急などの医療現場や教育・介護などの現場においても、「効率主義、能力査定、自己責任、社会的責任が強調」されるとともに、「残業することは当たり前」「若いうちは苦労すべき」「成果をあげてなんぼ」などのスローガンが横行している点に着目し、これを「道徳的標語」と呼ぶ。こうしたフレーズの過剰な使用は、「労働者の生理的能力に過負荷（睡眠時間が短くなる、食事が孤食になり簡便・雑になる、適切な身体活動が低下する）を与え、労働者の人生を業務に投入させる労働」へと彼らを引きずり込む。阿部は、これを「全人格労働」と名づけている。全人格労働とはいわば「中毒症状」であり、常に転落する不安に脅かされるという抑うつ状態におかれる。それは労働者の感情そのものを商品化する「感情労働」を超えて、自分の人格までも商品にしてしまうものである。阿部によれば、労働自体が「家族や同僚、場合によっては顧客の満足度さえも強欲に奪い取って」しまいかねない危険性に満ちたものとなっている。つまり全人格労働は「顧客に消費されるサービスであり、とめどもない顧客満足度を満たすために」、果ては労働者自身をも「モノ化」させてしまうのである〈註1〉。

このような労働者の人格すら奪いかねない危険な労働という問題については、第Ⅰ章で、「自発的隷従」および「社畜」という点から論及した。他に議論の俎上に挙げられるものとして、これまで一般に日本人の美徳と見なされてきた「勤勉」という点に関しても見ておく必要があろう。

勤勉を美徳と説いたものとして、江戸時代半ばに武士や農民の間に広く普及し、大きな影響を与えた思想として江戸時代中期の石田梅岩の「石門心学〈註2〉」があげられる。米国の宗教社会学者R・N・ベラーは日本が非西欧世界の中で例外的に近代化に成功した理由について、次のように論じている。つまり利己心を排除することを旨として、そのために職業生活を通じて忠誠、孝行、および「倹約と節約を毎日実行し、勤勉に仕事に献身する」という禁欲主義的な思想の中に、西欧のカルヴィニズム

（宗教改革者カルヴァンの思想に基づく神学大系）に比肩しうるエートス（心理的な起動力）が存在する

とし、これが日本独自の近代化の動因になったと指摘した〈註3〉。

ところで日本人に対する「勤勉」という認識は、いつ頃始まったのであろうか。この問題を考えるにあたり、歴史人口学の速水《はやみ》融《あきら》が一九七一年に提唱した「勤勉革命」を参照したい。江戸時代における濃尾《のうび》地方の人口と農業の関係について研究していた速水は、家畜である牛馬の数が著しく減少した点に着目し、「従来家畜が行なっていた仕事を、人間が受け持つようになった」ことを見出した。こうして「人力が畜力に代替した」ことから、農民は「より長時間、より激しく働かなければならなくなった」わけだが、速水はこれを「勤勉にならざるを得なくなった」と解釈する。そして牛馬に依存して生産性を上げた西欧とは異なり、人力によるハードワークで農業生産性を目覚ましく増大させた、江戸時代におけるこの変化を「勤勉革命」と命名した〈註4〉。

勤勉という言葉を聞くと、薪を背負いながら本を読む少年、江戸後期の思想家・二宮尊徳の銅像を思い浮かべる人が多いであろう。歴史民俗学の礫川全次《こいしかわぜんじ》は、尊徳が説く勤勉のエートスの背後に、「勤勉にして謙虚な農民」を「権力」により育成しようとする「官僚的な実践家・教育者」像を読み取っている〈註5〉。尊徳が重用したのは加賀国から移住してきた浄土真宗の門徒たちであった。というのも、彼らは先住の怠惰な農民たちとは異なり、昼夜兼行で働くこともいとわぬ勤勉性の持ち主だったからである。前述のように、江戸時代の日本の農村には、人力に依存することで農業生産性を飛躍的に向上させる「勤勉革命」が生じており、他力本願を旨とし、絶対的救済者である阿弥陀如来のために労働に勤しむ彼ら門徒がその担い手となっていたことが考えられる。礫川によれば、明治期に入ると、この勤勉のエートスは全国的に拡大していったという。たとえば、東京と農村部とを行き来しながら、都市生活者から排泄物を買い取り、重くて臭い屎尿《しにょう》を遠方まで運び込む農民たちの姿に、都鄙《とひ》を越境する勤勉性が読み取れると述べる〈註6〉。

また、大正時代の都市近郊の農村には、向上心に富む勤勉な、時には働き過ぎの農民（精農）がいた一方で、これとは対照的な怠け者とされる人々（惰農）も存在したが、後者は否定的な評価を受けていたという。精農たちは土地に対する執着心が強く、何らかの不運により村内での地位（自作農）を奪われた場合は、これに復帰しようと長時間の労働も厭わないほど執念深かったという〈註7〉。やがて惰農たちは、戦中の総動員体制に突入するとともに一掃されていく。

戦後の一時期は、食卓で家族団欒を楽しむゆとりを維持するサラリーマンたちもいたが、高度成長期に突入する一九五〇年代半ば頃にはそうした姿も次第に失われていった〈註8〉。代わって高度成長期に現れた勤労のエートスの典型は、「経営の神様」と称せられた松下幸之助の「水道哲学」であろう。松下は水道水のように安くて良質な製品を消費者に提供することを自らの使命とし、この使命感を従業員に対しても共有するよう求めた。企業を〝使命感を持った場〟にするということは、労働が世俗的意味を超えて聖性を帯びたものとされたことを示す。労働に内包されたある使命に向かって従業員たちが一命を賭すということは、労働、ひいては企業そのものが宗教的価値のあるものとして、従業員たちに内面化されたということである。礫川はそうした「水道哲学」のようなものに内在する勤勉のエートスが職場に蔓延することで、過労死・過労自殺といった死に至るまで働いて／かせてしまう要因になっていると指摘する。

このように長時間労働による過労死・過労自殺の要因の一つは、江戸時代から継承された勤勉のエートスに求めることができるだろう。これを労働者たちの心に訴えかけることで過剰な勤労意欲が引き出され、ひいては服従すら促すことができるが、そこに雇用者の恣意性があるとまでは断言できない。ともあれ次項では、従業員たちに巧みに植え付けられる「恥」の感覚から、自発的服従のメカニズムを考えてみたい。

恥から見る服従

恥はどのような時に意識するものなのであろうか。臨床心理学のマリオ・ヤコービは、自分を頭のてっぺんから爪先に至るまで無価値で下らない人間、つまり劣等意識から自身を「小さい者」と見なしてしまう、そのようなときに意識されるのが恥であると述べる。また、恥が生じてくるのは、周囲の人々から、あるいは自分自身からも「自尊心が疑わしいものに思えたり、攻撃されたりしたとき」とも説明される。〈註9〉つまり、恥は自己自身の弱さや無力さに対する反応と捉えられよう。

恥が日常生活の中での経験から生ずる人間の反応の仕方であることから、それは一定の法則と型を持った文化であると捉えることが出来る。では、この恥という問題を文化という視点から検討すると、恥にはどのような種類が想定されるのであろうか。

恥の研究の嚆矢となったのが、文化人類学のルース・ベネディクトの『菊と刀―日本文化の型』（邦訳一九四八年、社会思想社）である。彼女の見解は「罪の文化（欧米）」対「恥の文化（日本）」と非常に単純化された図式として捉えられがちであり、前者は内部の良心の働きに基づき、罪の自覚を持ちつつ、善行を行なうのに対して後者においては、人々は外部からの強制に基づき、恥をかかないように、善行を行なうというものとされている。したがって、この場合、恥は公の場での他人からの嘲笑、あるいは拒否に対する反応として生ずるものであり、大事なのは自己の行動に対する世評であるゆえに、判断の基準を他人に委ねざるを得なくなるのである。

だが、これには批判が提示されている。その中でも社会学の作田啓一が『恥の文化再考』（筑摩書房、一九六七年）においてベネディクトが論じた恥（公恥）の他に、自己に注がれる他者の視線（注視）に着目し、それが「われわれが内密にしたいと望んでいるところのわれわれの劣等な部分」を露呈させる恐れがあるため、恥じ入らせてしまう場合、すなわち、換言すれば、他人から称賛を受けた際に、あるいはそのような情景を想像しただけでも感じてしまういたたまれぬ想いとしての恥じらい（羞恥）のケースを取り上げている。〈註10〉この羞恥の理解は、恥による行動の規制が外部によってのみ起こされるものではなく、内部の良心によっても行なわれることを示唆する。これは罪による行動規制も同様で、内面の良心が働くだけではなく、刑事上の罰や世論の非難を恐れて行動を抑制するなど外側から働くことにより引き起こされるケースも想定される。「したがって、恥＝外面的制裁、罪＝内面的制裁というベネディクトの図式にはかなりの無理がある」と結論付けている。〈註11〉

作田の理論を整理し、深化させたのが本章の基本枠組みとする井上忠司の論考『「世間体」の構造―社会心理史への試み』（NHKブックス、一九七七年）である。

社会学者の井上は、「所属集団」と「準拠集団」という二つの集団概念を踏まえた上で、「超自我」

と「自我理想」という社会心理学の概念を用いて、恥と罪の関係を考察した。

まず「所属集団」とは、人がある集団に一定の役割を果たすことで、そこに所属していると自覚し、そのことが他の人からも認められている場合、この集団を所属集団という。それに対し「準拠集団」とは、人が一定の行動をとる時に自らが属していると認識する集団をいい、それが個人の態度や行動に強い影響を与えるものを指す。具体的には家族・地域・学校・職場、あるいは趣味を通じた仲間などがこれに当たる。さらに準拠集団には、人が集団のルールに同調しようとする際に働く「規範的機能」、人が自己の地位を集団内の他のメンバーと比較することで、自己の位置づけを判定する際に働く「比較機能」という、二つの機能が含まれる。

他方、「超自我」とは、子どもの頃からのしつけや教育を通じて身に付けられたもので、人が社会のなかで生きていくために不可欠とされる価値観をいう。それに対し「自我理想」とは、自分はどのような仕事を好み、それに従い、将来何になりたいかなど、自己が理想とする自我のあり方をいう。人はそうした理想像を持つことで、他人から何と言われようと、心の内なる思いに動機づけられて、見られたい自己像を目指して邁進していくようになる。超自我とはいわば良心であり、その価値観でもって善悪の判断が行なわれる。よって、それは準拠集団の規範的機能にしたがい形成される。また自我理想は、理想とする自己像を軸として自分自身に対し優劣の判断を行なうものであり、ゆえに、準拠集団の比較機能によって形成されるといえる。

以上に基づき、井上は恥と罪を以下の五つの類型に分類した。

行為主体としての私から見た恥と罪の概念図

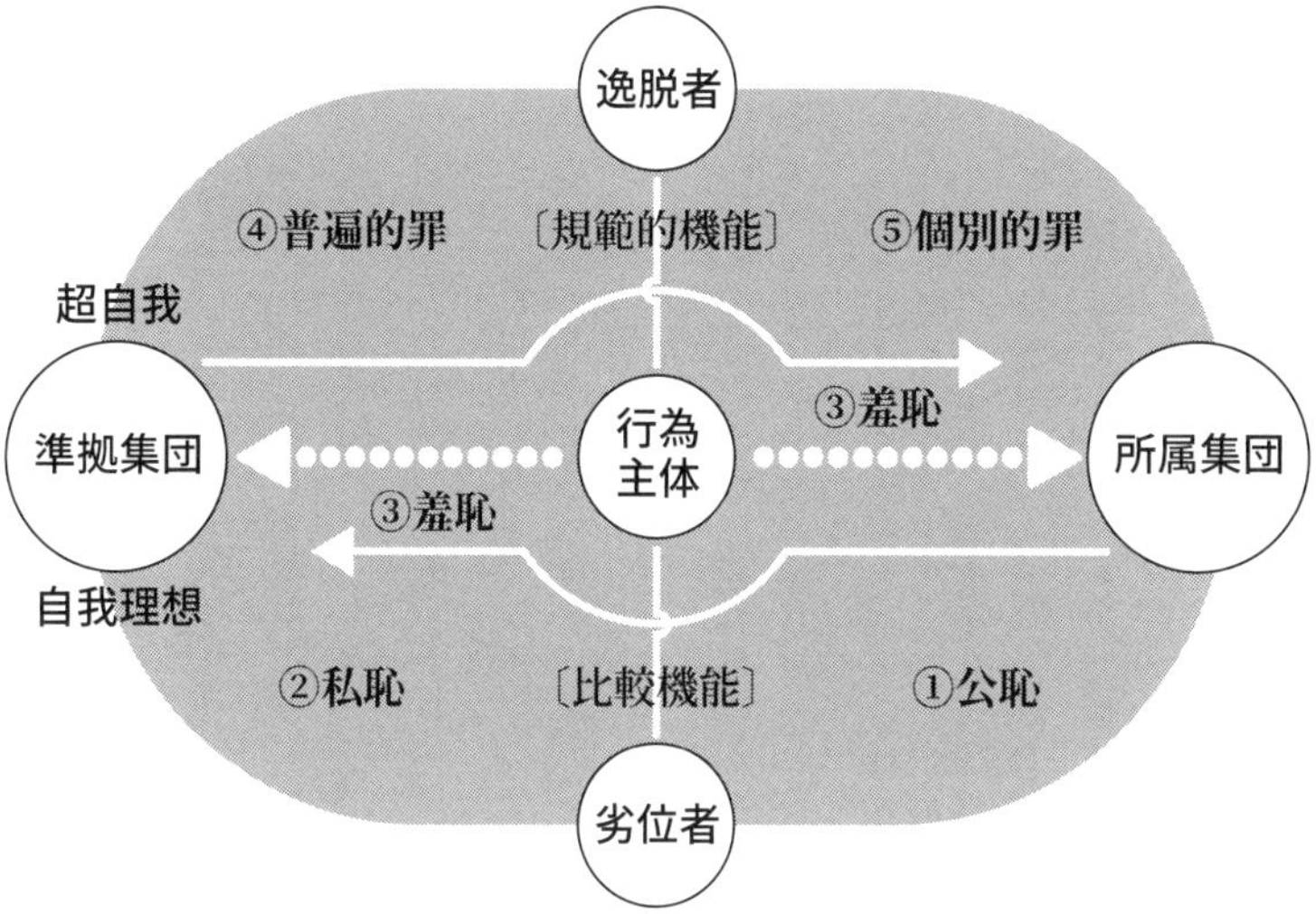

出典：井上忠司『「世間体」の構造』（ＮＨＫブックス、1977年）掲載の第２図の表記を著者改変

①公恥

行為する者の自我理想に基づく比較機能により、彼が彼自身を所属集団の内部において劣った存在として認知し、自己を見つめる他者のまなざしを受けて、そこに所属集団から孤立している自分の姿を見出した時に覚える恥の意識を指す。これはルース・ベネディクトが指摘した、人前で嘲笑されるような体験をした時などに覚える恥に該当する。

②私恥

行為する者が抱いている自我理想の比較機能に基づき、理想的な自分に比べれば、現実の自分が「劣位者」であると認知された時、彼は彼自身を、あたかも他者が彼を劣位者として軽蔑のまなざしで見つめているかのごとく思い込むことで、一人ひそかに覚える恥の意識を指す。ここで意識されるのは他者の視線であり、彼自身が抱く意識は問題ではない。

たとえばフォーマルな場所で、自分だけが野暮ったい身なりだと周囲からひそかに嘲笑されているのではないかと思える時などに、そこはかとなく覚える恥の意識がこれに当たる。

③羞恥

所属集団の一員としての自己と、準拠集団の一員としての自己との認知志向のズレが、他者のまなざしを受けて意識されるときに覚える恥じらいの意識を指す。井上は例として、家族と一緒に外出していて、友人に会った際に感覚的に覚える決まりの悪さ、あるいは気づまり感を挙げている。

④普遍的罪

自身の超自我により、自分自身を自身が所属する準拠集団からの「逸脱者」として認知した時に覚える罪の意識を指す。犯すべからず、盗むべからずというような一般社会の倫理規範からの逸脱により生ずる罪の意識。

⑤個別的罪

自身の超自我に基づく規範的機能により、自身が自分自身を所属集団からの「逸脱者」として認知した時に覚える罪の意識を指す。井上は例として、クラブ活動を自己都合で辞める時、何か仲間の信頼を裏切ったようで、彼らに対して済まないと感じる気持ちを挙げている。

以上が、井上の提示した恥と罪の五類型である。本書の冒頭で取り上げた映画『アリ地獄天国』の主人公が、理不尽な労働環境に追いやられている自分を「恥ずかしい」と感じるのは「公恥」なのか、あるいは「私恥」によるのか。また、これを過労死・過労自殺の問題と関連付けると、どのように考えることができるだろうか。

詳細は次章以降に譲るが、過労死については残された言葉がないので不詳だが、過労自殺者の大半はいずれも遺書等において企業に対して「済まない」「申し訳ない」というように述べていることから、思うように仕事を進めることが出来ない自分自身を恥じる意識がうかがえる。つまり死の本来の要因は当人のキャパシティを超えた仕事を課した企業にあるのにもかかわらず、自ら恥じて服従してしまっているような姿勢がうかがえる。したがって、その服従の姿勢を理解するには恥から見ていく必要があろう。そこで、従業員たちが抱く恥の意識を井上の類型に該当させると、考えられるのは孤立感を抱く公恥、劣位者意識を抱く私恥、恥じらいを抱く羞恥、それと奇異に思えるかもしれないが、逸脱者と認識する個別的罪の四類型ということになろう。

以下、これらの諸類型を用いて過労死・過労自殺に投影される死をめぐる類型化を試み、しかる後にこれを服従へと導く原理を明らかにしていくことにしたい。

楽園の永住者／楽園からの逃亡者

楽園の永住者

企業はさまざまなレトリックを駆使して、従業員たちに会社への奉仕を要求する。すでに述べた「夢」などのポエム化はその一例である。「夢」から覚醒しないまま、死ぬまで心身を酷使して働く人々は、その猛烈な働きぶりから企業戦士と呼ばれ、称賛された。日本中がバブル景気に沸いていた一九八九年から九一年にかけてドリンク剤「リゲイン」（第一三共ヘルスケア社）の「黄色と黒は勇気のしるし」で始まるコマーシャル・ソングでは、「24時間戦えますか」というキャッチ・コピーが躍っていた。ちなみに「24時間戦えますか」は八九年のユーキャン新語・流行語大賞の流行語部門・銅賞を受賞している。このCMソングは会社の運動会などでもしばしば使用されていたという。こうしてそのフレーズが刷り込まれることで文字通り二四時間、否、それ以上の長時間労働へと仕向けられた人たちの中には、命を落とした者もいたのである。

精神病理学的な視点と経済学・経営学的な視点との融合を目指し、職場における労働倫理の問題を考察したのは大野正和である。大野によれば、バブル崩壊前後まで日本の職場を支配していたのは几帳面で責任感が強く、自分のことよりもまず相手が何を求めているかを優先し、相手に尽くす「メランコリー親和型」〈註12〉の類型による職業倫理〈メランコ仕事倫理〉であり、これが思いやりと助け合いの「和」と秩序を乱さない協調性を重視した職場環境を構築し、日本的経営を内側から支えていたという。大野は過労死・過労自殺発生のメカニズムを次のように捉えている〈註13〉（傍点・引用者）。

仕事を「断る」ことや「任せる」ことによってまわりに悪いことをしたと感じてしまうので、なかなかそれができない。「自分だけ一休みすること」は、気が引けるし、後ろめたいことである。自分が仕事を引き受けることで安心感が得られる。そういう経験が積み重なると、頼まれるが頼まないというまわりとの人間関係ができあがっていく。一方的な信頼関係のもとで特定の人に仕事が集中する傾向がでてくる。「責任感の強い、真面目な性格」の人ほど仕事が増えてくる。会社側からしても使い勝手のいい労働者として「利用」することが多くなってくる。過労のしくみは、このようにして職場の個人にかぶさってくるのである。

では、そうした労働倫理に支えられて過労状態に陥る企業戦士たちが、死に至るまで働き続けるという行動パターンは、先に分類して列挙した「恥」の感覚とどのように結びついているのだろうか。以下、過労死・過労自殺と恥の感覚との関係に注目し、いくつかの事例を引いてみたい。

まず挙げられるのは、グラフなどで示される営業成績等の低さを上司からあげつらわれ、他の従業員の前で叱責される、あるいは叱責されなくとも、思うようにこなせない恥ずかしさからこれを払拭すべく仕事に邁進し、結果的に死を迎えたケースである。

【事例1】 平岡悟（一九八八年、急性心不全。享年四八歳。職業：作業長、一九九四年に和解）

まずこのケースを取り上げるのは、平岡の労災申請が、ＮＨＫで放映された後、雑誌でも報じられ、さらにシカゴトリビューン紙の一面トップの特別記事となり、海外でもＫＡＲＯＳＨＩとして大反響を呼んだからである。日本人の異様な働きすぎを伝える典型的な事件として注目を呼び、それにより過労死問題の出発点となったのである。

平岡は一部上場企業の椿本精工に勤務する、部下三〇人を束ねる優秀な作業長の一人であった。休みは年末年始の四日間のみ、土・日・祝祭日の休みもなく、昼勤六日間で七二時間、夜勤八日間で九五時間の二交代勤務を続け、年間の労働時間は実に三〇〇〇時間以上にも及んだ。勤務形態は一週間昼勤したら次の週は夜勤というサイクルで、それも一日一二時間労働という状況だった。不良品がラインから多く出ると、係長等の上司から責任を問われ、そればかりか部下が勝手に休んだり休日出勤を拒否したりすると、その監督責任を厳しく追及されていた。そのため、「精神的ストレスも絶えなかっただろうと推察された[註14]」という。

平岡は、出勤を引き留める家族に対し、「僕がおらなあかんのや」という言葉を遺しており、そこからは〈メランコ仕事倫理〉特有の真面目で強固な責任意識がうかがえる。それは裏を返せば、常に上司の監視のもと重圧にさらされており、たとえ企業側が主張するように「残業手当による収入を重視して」、「自身の都合で率先して自主的に〈註15〉」残業していたとしても、その動機の部分では、上司たちから「仕事が出来ない」と思われることをプレッシャーと捉えていたことは想像に難くない。また、彼はモノづくりの熟練工としての誇りを抱いてもいた。

そんな彼が、もし部下たちの前で公然と非難されたとしたら、モノづくりに対する自身のプライドはズタズタとなり、集団の「劣位者」として「公恥」を覚えたにちがいない。あるいは、不良品を出すことのプレッシャーから「劣位者」となることを恐れていたとしたら、「私恥」を覚え、その恥の意識が間接的にでも死につながる一因となった可能性も考えられよう。

過労死・過労自殺は職種や性別、年齢を問わず、誰にでも襲い掛かる。次にあげるのは、女性のホワイトカラーの事例である。ノルマに振り回される外訪の営業マンと違い、彼女は事務職、それもキャリアを志望する「総合職」ではなく、「一般職」である。そう言われると、一般的な過労死に比べて軽いように思われがちだが、果たしてそうなのだろうか。

【事例2】 岩田栄（一九八九年、喘息。享年二三歳。職業：銀行一般職、一九九四年に和解）

この事例を取り上げるのは、日本で初めて、女性労働者に対する企業責任を追及する裁判が行なわれたからである。

一九八八年以降の証券ブームで、銀行の仕事量は著しく増える傾向にあった。岩田が支店で就いていた送金業務の取引先は海外の銀行で、時差により、国別・地域別に異なるタイムリミットに対応しつつ、送金の起票、入力等の業務を行なわなければならなかった。そのため、業務それ自体に緊張と負担がともなった。しかも彼女を含む正規職の女子行員三名は、四名程度の派遣労働者やパートタイム労働者の業務指導にもあたっていた。始業時間は午前八時四五分だが、三〇分前には出行し、昼食と昼休みは一五～三〇分程度しか取れなかった。銀行窓口は一五時に閉店となるが、「それ以降、二、三百枚もの伝票をぶっ続けで入力し、電卓を使い、精査・確認を続ける。（中略）機械稼働を終えた後は、伝票を整理して束ね、外為関係のさまざまの書類の台帳をきちんと整理して一日が終わる」という仕事ぶりであったという。[註16] 実際には二〇～二〇時半まで残業しても、出勤簿は一七時四五分以前と勝手に書き替えられてしまうありさまだった。生前、「もうしょっちゅう辞めたいね、やめたいねって、こんなんでは何もできないし、もうからだがどうしようもない」と、同僚に漏らしていたという。[註17]

岩田の仕事の一つひとつは複雑な労働ではないが、細心の注意を要する各作業が単位時間ごとにびっしりと埋め込まれているものだった。それゆえ、「その遂行はまぎれもなく『責任が重く難しい』業務」であり、派遣社員の手にはとうてい負えるものでなく、[註18] よって正規職の行員たちが全面的に負わされた。パワハラ等の嫌がらせの有無については特に記されていないが、仕事へのプレッシャーは持病の喘息を悪化させるほどに重苦しくのし掛かっていた。辞めたくても辞められない状況にあり、また自分だけが落ちこぼれるわけにはいかないという責任意識も強く抱いていたと思われる。つまり彼女は「私恥」に陥っていたと考えられ、それが死を早める一因になったのではないだろうか。

　上述したのは過労死のケースであったが、次に、過労自殺の事例を取り上げながら恥との関係について考えてみたい。過労自殺とは過労からうつを発症し、それが引き金となって自殺に至るもの、という説明が一般にはなされているが、果たしてそれで個々の労働者たちが死におもむく心的プロセスを十分に理解したことになるだろうか。

【事例3】 大嶋一郎（一九九一年、縊死。享年二四歳。職業：大手広告代理店勤務、二〇〇〇年に和解）

大嶋はラジオ局に配属され、ラジオの広告枠を広告主に売る営業活動やイベント企画の立案、実施などの仕事をしていた。朝九時までには出社し、仕事は深夜や早朝にまで及んだが、職場にはタイムカードがなく、実際の労働時間は勤務記録として残されていなかった。だが、一カ月当たり二九四時間働き続けていたと推測されている。こうした長時間にわたる過酷な労働に加え、上司からのいじめもあったという。彼は酒を嗜む方ではなかったが、スポンサー等との酒席や、月一度の班の飲み会で、酒を無理強いされて醜態を演じさせられたこともあった。その際には上司から靴の中に注がれたビールを飲むように強制されたことや、靴の踵で叩かれたこともあったという（註19）。

　このように大嶋が人前で恥をかかせられることがたびたびあった点を考慮すると、過労自殺に至った要因として、長時間労働による過労から患っていたうつに加え、「公恥」の状態にあったことも関係していると考えられる。つまり日常的に抱かせられていた「劣位者」としての恥の意識が、うつの病状と重なって引き起こされたといえるのではないだろうか。

【事例４】 木谷公治（一九九五年、縊死。享年二四歳。職業：食品会社社員、一九九七年に労災申請・労災補償請求承認）

木谷は得意先の料亭などの注文に応じて各種の成分、調味料を配合する特注ソース製造部の業務に携わっていた。各店舗によって成分や調味具合が微妙に異なることから、その仕事は「緊張を要し、技量、知識が必要とされる職務」であったという。また作業工程中、原材料を加熱処理するプロセスがあり、工場内は「ソースを炊くときは摂氏五〇度くらいとなり、夏には六〇度を超える」ほどになるという。このような劣悪な環境にもかかわらず、早出の日は五時に出勤して仕事に入り、夜の八時、九時頃まで残業をしていた。彼は自分の仕事について、「俺は特注ソースというベテランぞろいの職場に配属された」とやりがいを感じていたが、共同作業を担う経験を積んだ社員たちが疲労でばたばたと倒れたり、配置転換されたりする中で、人員補充も行なわれず（補充されたとしても、指導が必要な未経験の新入社員ばかりであった）、ソースづくりの責任が彼一人に覆いかぶさってくるような状況であったという[註20]。

木谷は、欠勤させようとする母親にこんな言葉を遺して出社したという。「電話するな。絶対にいく。おれがいかにゃあソースができん[註21]」。強烈な責任意識をうかがわせる言葉である。熟練した人員があてがわれない職場環境の中で、彼は自分の思うようなソースが出来ないことに恥を感じているのである。もし、そのことを上司等から責め立てられていたとしたら「公恥」を感じていただろうし、そうでなければ会社や上役への申し訳なさから、出来ない自分を恥じて「私恥」に陥っていたと考えられる。このような恥の感情が過労うつの病状と重なり合い、発作的に彼を死へと至らしめたのではないだろうか。

【事例5】高橋まつり（二〇一五年、投身。享年二四歳。職業：大手広告代理店社員、二〇一六年に労災認定）

事例3の大嶋一郎が勤務していたのと同じ広告代理店である。大嶋のみならず、常態化した長時間労働とパワハラで何人もの社員を自殺に追いやっている企業であり、高橋もその犠牲者の一人である。

広告代理店の主な業務は、クライアント企業の依頼を受けて広告を製作することであり、高橋が配属されたのはインターネット広告の部局だった。新人ながら自動車保険のデジタル業務に加えて、FX証券のデジタル広告という二つの案件の処理を担当しなければならなかった。これにより労働時間が格段に増えてしまい、帰宅は午前〇時どころか明け方四時過ぎとなるのもザラだった。しかし上司は慰労するどころか、パワハラ、セクハラまがいの暴言を繰り返していた。彼女がツイッターに残した「つぶやき」には、「君の残業時間は会社にとって無駄」「会議中に眠そうな顔をするのは管理ができていない」「髪ボサボサ、目が充血したまま出勤するな」「今の業務量で辛いのはキャパがなさすぎる」「女子力がない」と記されていた。〈註22〉

日頃からこれだけの暴言を吐かれていたのであれば、きっと彼女は深い「公恥」を覚えていたであろう。そこに日常的に溜まった過労からくるうつが重なって、発作的に身を投げたのではないかと考えられる。

過労死・過労自殺に至るプロセスでは、過労によるうつに加えて、仕事ができないことに対する

「公恥」や「私恥」の意識にさいなまれ、精神的苦痛がいっそう深刻となることで、より重篤なうつ症状の誘因となり、最後は死に導かれるのである。

特に、バブル崩壊から平成不況下の九〇年代半ばを過ぎる頃から、他者への気配りと助け合いによる〈メランコ仕事倫理〉が退潮するようになる。それに代わって成果主義に後押しされた「個性重視」や「自己責任」が時代のキーワードとなり、集団的な人間関係に基づく組織への忠誠心や和の精神が語られなくなっていく。かくして、強い自己主張によって自分らしさを強調する〈ナルシス（精神分析でいうナルシシズム、自己愛のこと）仕事倫理〉への転換が生じたという。[註23] だが、〈メランコ仕事倫理〉に特徴づけられた日本的経営の特質が失われるからこそ、その反作用として、社員相互のさらなる強固な団結と愛社心を要求する企業も増えていった。現実を見れば〈ナルシス仕事倫理〉なしには生き残れない労働環境にもかかわらず、日本的経営の企業風土が根強い中では〈メランコ仕事倫理〉にも仕えなくてはならない。上述した過労死・過労自殺の諸事例は、そうした二律背反の中でもみくちゃにされ、もはや個人の限界を超えたところで起きた出来事ではないだろうか。

成果主義と自己責任の風潮に逆行するように、組織への忠誠と和の精神を強調する企業では、社員に対してどのような取り組みを行なっているのだろうか。以下に引くのは、従業員の団結力向上を意図してスポーツやパーティーなどの社内イベント活動を奨励している高級加工食品メーカー、セゾンファクトリーの事例である。山形に本社をおくセゾンファクトリーは、創業一九八九年と比較的新しい企業である。以下は、同社の斎藤峰彰社長が記した、夏に開催される「ビアパーティ」と呼ばれるイベントの様子である。[註24]

このときばかりは、役職や年齢に関係ない。私も幹部も次々にプールに落とされる。（中略）それだけでなく、バケツで何度も水をかけたり、消防用のホースでしっかり放水されることもある。そんな中で社員は歌ったり、踊ったりしながら数か月かけて準備してきた「余興」を次々に披露していく。会場は笑顔であふれ、やがては熱狂状態になる。

次章で詳細に検討することとなるが、企業は厳しい労働の現実を「ポエム」に満ちた言葉で覆い隠す一方、楽園のごとく演出することで社員のやりがいを高め、離職を引き留めてきたという側面もある。これは高度成長期だけの現象ではなく、セゾンファクトリーの例に見るように、年功序列と終身雇用が失われつつある趨勢でもさほど変わりがないようだ。穿った見方をすれば、同社のように新興の企業であればなおさら、生き残りのために団結や愛社心を強調することもありなのかもしれない。

企業が提供するイベントとそこに横溢する「ポエム」の世界は、笑顔と夢にあふれた楽園を演出して従業員たちを引き留め、自分はそこで素晴らしくやりがいのある仕事に携わっており、これは「私でなければできない」（事例1・4）と錯覚させる。そうした企業の魔手にからめとられた人々のうち、過労死・過労自殺に至ってしまった者たちは、最期までそこから逃れることができないまま、死によって「楽園の永住者」とされてしまった。

むろん死には至らずとも、「過労死・過労自殺予備軍」と言ってもよい人々はいくらでもいる。そうした人たちの仕事感覚は、恥や罪の意識とどのように関わっているのだろうか。

一例として、ワタミの店長経験者Aのケースを取り上げる。彼は同社での仕事について次のように回想している。

一日の労働時間は一五時間を超える毎日で、いつも目まぐるしく、何かを考える余裕などないほどの忙しさだったが、それでもAはワタミで働けることを「誇り」に思っていた。「自分の弱さも強さも、社員、バイト関係なく曝け出して、店舗を回していく」ことの中で連帯感が得られ、充実していたからだという。たとえば急にアルバイトの数が足りなくなり、現場が人手不足に陥ったとしても、「Aさん、今、アルバイト居なくて大変なんでしょう。募集かけてるっていってもすぐに使い物にはならないでしょう？　だったら俺たちが行ったほうが早いじゃないですか？」と、アルバイトを辞めた人たちがすぐさま助っ人に駆けつけてくれるような状況が確保されていた〈註25〉。

そうした連帯感を心地よく感じていたAであったが、三〇代を超えたところで、ワタミを去らなくてはならなくなった。その時、彼は次のように感じたという〈註26〉。

自己管理ができていなかった。ある日の休憩時間、涙が止まらなくなってね。何か、体もだるいし。これは俺自身、弱気になってるなと。それでもっと無理をした。そして倒れた。病院に行くと「うつ病」と診断された。ワタミに居続けたかった。でも、今の俺は限界だ。だから、そっと去らせてもらった。今でも、ワタミの看板をみると、頭を下げ、手を合わせたくなる。申し訳ありませんでした。

転職してしばらくの時間が経った現在もなお、彼は、「最後までワタミに残れなかった。だからこそ、今も、これからも〝ワタミ〟を追い続けていく」と述べ、相変わらず「ワタミの常識」に沿った行動をとっているという。さらに彼はこうも言う〈註27〉。

仕事がキツくて辞める奴。文句言う奴。そんな奴は〝裏切り者〟と今でも思うし、腹立たしいですね。

これは企業が従業員たちに注ぐまなざしの内面化にほかならない。皮肉なことだが、Aが「仕事がキツくて辞める奴」を「裏切り者」だと蔑むまなざしは、彼自身の上にも注がれているのである。つまりAは、自分をワタミというかつての所属集団からの「逸脱者」、裏切り者と見なしているわけで、これは先述した井上の分類では「個別的罪」に該当する。そうした「個別的罪」を抱く人の行き着く先は滅私であり、畢竟、死ということになるのではないだろうか。

現にAは転職先での働きぶりから「モーレツ社員」と呼ばれていたが、その実態は単なる「使い勝手の良い社員」として認識されたに過ぎなかった。

このように、肉体の生死に関係なく「楽園の永住者」は実在する。だが一方では、同様の状況の中で覚醒した人たちもいる。では、そうした「楽園からの逃亡者」たちは、どのようにして楽園の魔手から逃れられたのだろうか。また、それは恥の意識とどのように関わるのであろうか。

楽園からの逃亡者

楽園の現実に気付き、直視して、そこから覚醒できた人々の記録は少ない。第Ⅰ章でマニュアル、第Ⅱ章でポエム化の問題を取り上げたように、すでに企業は従業員の精神性にまで影響を及ぼす巧妙な戦略を構築してきたといえる。

ワタミの介護の元従業員は、同社での労働実態について次のように証言している[註28]（傍点・引用者）。

> 仕事といえば決められた最低限のことだけ。（中略）誰でもできる仕事をなにも考えずにこなすだけだった。前向きに取り組んで何ヵ月経験しても、この単調な作業のどこに「夢」があるのか理解できなかった。（中略）誰にでもわかる簡単でシンプルな言葉、そして否定されない優しい言葉を使って多くの人間を操ろうという独自の人心掌握術である。サービスして「ありがとう」と喜ばれれば、お客は再びリピートしてくれて売り上げがあがる。至極真っ当なスローガンだが、これもゴールのない精神論である。

そして、働いている中で事あるごとに「ありがとうを集める」、「自分自身の成長、夢のため」と言われ、次第に残業代などお金を求めること自体を恥じるようにもなったという。

あるホームヘルパーは次のように述べる[註29]。

最初は『理念集』の内容を見て、素直に「いいことを言ってる」と思った。だが、働く中でさすがに疑問も感じるようになった。理念集の「嘘をつかない」という内容は、稚拙なものだと感じた。

別の大手介護施設への転職に成功したこの人物は、元同僚と集まるたびにワタミの話になるという。そこでいつも話題になるのは、「ワタミは異常だった」、「今の施設はちゃんと休日も休憩もあるよ」という点だという。

似たような感想は、異なる業種でも聞かれる。以下は、関西のユニクロで長期アルバイトとして勤務していた二〇代の女性の証言である。〈註30〉

今思えば日雇い以下の雇用形態だったと感じます。店舗のご都合主義に振り回され、度重なる出勤要請を受けて、ストレスだらけの一年間でした。家族にも負担をかけているし、私自身、生まれてきたばかりの子どものわがままを聞いてやる気持ちの余裕すらなくしてしまった。ユニクロで働くのはもうこりごりです。

このような感想を抱くのは、彼女がアルバイトだったからだろうか。前にも触れた通り、ユニクロにおいては店長が経営の基本単位となる。それでは、店長経験者はどのように述べているだろうか。

現在、小売りチェーン他社で店長として働くある人物は、ユニクロに対する感想を次のように述べている[註31]。

給与はユニクロの頃と変わりませんが、勤務時間は少ないですし、土日もちゃんと休めます。よっぽど人間らしい生活ができるようになりました。ユニクロを辞めて本当によかったと思っています。

また、次のような感想を漏らす元店長もいる[註32]。

僕はユニクロを笑顔で前向きに「卒業」した社員を一人も知らない。（引用者注：最重要の店舗を任されるスーパースター店長を務めた）木内も退職時は相当に追い詰められた精神状態だったという。「（うつっぽくなるのは）みんな経験することだよね。ユニクロのあのマークを見ると、胸がドキドキして胃が痛くなって……」

個人によって感じ方は異なるだろうが、業種は違えど、どの人たちも、先述した「個別的罪」とは対極にある「辞めて良かった」という感想を抱いている。では、彼らにとって恥とはどのように経験されたのだろうか。

ワタミやユニクロから転職した人たちの語りからうかがえるのは、かつての所属集団と現在の所属集団との間のズレが、他者（＝聞き取りをした人たち）のまなざしを介して意識化されることで、「あんな所で従順に働いていたなんて恥ずかしい」という恥じらいの意識を引き起こしたことは考えられる。つまり「羞恥」の感覚である。

以上、「楽園の永住者」と「楽園からの逃亡者」の類型について、前者すなわち過労死・過労自殺者たちにおいて「公恥・私恥」が見出され、その派生形として、過労死・過労自殺予備軍の中には「個別的罪」の感覚が認められると指摘した。また、後者からは「羞恥」の意識が見出された。

それでは、このような恥を意識化させるメカニズムとはいかなるものであろうか。

「不正の受益者」は誰か

自己呪縛の陥穽

ドイツの臨床心理学者ヤコービは、人が恥に陥る時の状況を次のように述べている。

愚かな行いをしないかと自分自身を監視したり、声や手の震えを不安気に見守ることで、自発性は全く妨げられてしまう。人は憶病になり、鬱積し、不安定になり、そして「自意識過剰」になる。こうして人は激しい恥の感情にとらわれ、——空想であれ現実であれ——誰もが自分の苦悩を知って嘲笑うに違いないという思いに苛まれる。

そうした状況を彼は「恥の陥穽」と捉えている。〈註33〉ただし臨床心理学的な関心に立つヤコービの場合、あくまで心理療法の手段として恥の心理的発生を解明しようとする。そのため、「恥の陥穽」をもたらす社会的メカニズムには言及していない。しかし既に見てきたように、多くの企業では往々にして、意識するとしないにかかわらず、従業員たちに対して「恥の陥穽」を強いている。こうして彼らは自発的な服従へと促され、蟻地獄のような労働の無限ループに陥らされてしまう。

それが一人の人間の上に現実として起こるメカニズムとは、どのようなものか。

先に取り上げた過労死・過労自殺者たちの幾人かは、「自分がいなければ、自分でなければ」と、与えられた仕事に自己を呪縛させるような言葉を激しく口にしながら、死と対面していた。会社からの無理難題を正当化し、その価値観を内面化させることで、文字通り私を滅し、死に向かって邁進した。支配者のまなざしを内面化した彼らは、自分で自分を呪縛し、支配者からの要求を満たすことの出来ない己を恥と感じて、自己処罰に走る。つまり、呪縛とは、罪責感と切っても切れない関係にある。それゆえ、仕事を休む、場合によっては辞めるという選択肢もあったはずだが、彼らはあえて呪縛から逃れようとはしなかった。また先述した井上の五類型（本書一三八〜一四〇頁参照）に見るように、罪は恥と表裏一体である点にも留意したい。

以上は呪縛され支配される側の話だが、他方、支配する側は自らが握っている「支配」の特権を正当化し、それが正しいことだと相手に思いこませるために、しばしば呪縛の手法を用いる。ここで支配する側を利益集団としての企業とすれば、呪縛する／される関係性は、雇用者と被雇用者の関係性に置き換えることができるだろう。そこで以下では、被雇用者である従業員に「罪悪感」を植え付け、自己呪縛を促す企業側の支配のシステムについて見ていきたい。

「不正の受益者」は誰か

従業員と企業との間には、労働とそれに見合う報酬、という交換関係が成立している。社会学のホーマンズは交換関係をめぐって、以下のような「配分的公正（distributive justice）」という概念を提示している[註34]（傍点・引用者）。

> 他の人と交換関係にある人は、各人の得る報酬がその支出したコストに見合う――報酬が大きければ、それだけコストも大きい――ということ、また各人の正味の報酬、つまり利潤は、その投資に見合う――投資が大きければそれだけ利潤も大きい――ということを、当然のことと思うだろう。それはこういうことである。すなわち、二人の投資が大きくちがわない限り、各人は、さらに以下に記す条項が適用されると思うだろう。つまりは、自分が他者にしてあげた活動がその人にとって有益であればあるほど（自分にとって、コストのかかるものであればあるほど）、他者が自分にしてくれた活動は、自分にとってそれだけ有益である（他人にとっては、それだけコストのかかるものである）。

企業活動では、常にコストバランスを考えて実施することを旨とするので、組織目標として投資に見合う利潤を得ることが要求される。そこでホーマンズの議論を従業員と企業に置き換えて考えると、従業員は企業から与えられた（配分された）報酬（給与）に見合うだけの労力を投資しているか、また企業は従業員が投資した（配分された）労力に見合うだけの報酬を与えているか、が問題となる。つまり両者は互いに、相手から受けた投資に相応しい報酬が要求されることになる。もちろん、そうしたフィフティ・フィフティの関係性はあくまで理念型であり、現状は両者の間にアンバランスが生じることが通常で、そう上手くいくものではない。そこでホーマンズは次に、「不正の受益者（distributive injustice）」という概念を提示する[註35]（傍点・引用者）。

> 受けた報酬に対する受容者の情緒的反応を考察した。人はその報酬が期待以下のものであるとき、腹を立て、攻撃的な行動に出る傾向にある。（中略）私たちは、報酬の分配が貢献と投資に比例するとき、その分配を公正であると言う。人々は報酬の分配において、このような関係を期待する。もし人々が、他者の報酬と比べて、期待する報酬の量を得ていないとき、その人は相対的剥奪の状態にあり、配分において不公正の被害者の立場にあり、その状況に腹を立て、攻撃的な行為に出る。

　これを企業と従業員との関係に読み替えてみよう。企業が「不公正の被害者」となった場合、雇用者はそれを許さず、被害を与えるような社員は人事考課にさらされ、オミットされかねない状況に追い詰められるだろう。一方、従業員が「不公正の被害者」となった場合はどうであろうか。残念ながら、彼らは不公正を正す方向へは行かず、「不正の受益者であることに対する良心の後ろめたさ」を抱くことになるという。[註36] つまりは、罪悪感をその身に覚えるのである。そこに雇用者―被雇用者という権力関係に由来する、公正性をめぐっての非対称性が現出する。

企業から「不正の受益者」と見なされた従業員は劣等意識を植え付けられ、役立たずのクズ扱いを甘受させられる。ひるがえって、企業の側は労力にふさわしい報酬を従業員たちに与えるどころか、むしろ搾取するのである。こうした従業員を「不正の受益者」とみなすことを恥じない企業は、巷間では「ブラック企業」と呼ばれている。『ブラック企業』の著者でNPO法人POSSEの代表を務める今野晴貴は、「ブラック企業」の用いる常套手段として「『コスト=悪』意識の内面化」という点を指摘する。企業の人事部研修で、ある従業員は、執行役員から次のような容赦ない言葉を投げつけられたという。[註37]

「営利団体である企業にとって赤字は悪だ。利益をもたらせないヤツが給料をもらうということは悪以外の何物でもない。だからお前たちは先輩社員が稼いできた利益を横取りしているクズなのだ」

「クズだから早く人間になれ。人間になったら、価値を生める人材になり、会社に貢献するように」

新人研修では「コストは悪」と叩き込みながら、「稼いだ奴は何をしてもよい」とうそぶく。こうした相矛盾する言葉が社員教育で激しく語られることの意味とは何か。それはつまり、「会社の価値規範を上手に受容しなければ、働き続けることはできない」ということにほかならない〈註38〉。

「コストは悪」という認識を正当化させるためには、「使える者」だけを残し、他の者たちは大量退職に追い込む「選別」さえ実践される。これは二〇〇〇年代以降、若年労働者を大量解雇するための方便として編み出されたものだが、実は一九九〇年代末にも、中高年の労働運動活動家に対する退職勧奨として、リストラ手段としても用いられていた。その手段は、何の仕事も与えられない「隔離部屋」と呼ばれる場所に囲い込むことであった〈註39〉。一九九八年、旧・日興証券では「座敷牢」と称される「職務開発室」に約一〇〇人の部課長クラスが送り込まれた。その翌年には、日本ＮＣＲで、別会社への転籍を拒んだ六九人の従業員が「隔離部屋」に押し込まれたという。

二〇〇一年のＩＴバブルの崩壊を機に、電機、自動車メーカー、ゼネコン、流通業などで、一斉にリストラの嵐が吹き荒れた。そうした中、「リストラの手法がマニュアル化され、リストラはシステマティックに進むことになった」という。つまり、企業が生き残るためには一般従業員たちをリストラと称して切り捨ててもよいとする考えが、正当な経営の在り方として、雇用者たちに植え付けられることになったのである。そうした中で登場したのが「追い出し部屋」である。

労働社会学の木下武男は、一万三〇〇〇人のリストラを行なった松下電器（現、パナソニック）にはリストラのマニュアルがあったと指摘する。そこには、「あなたの能力を生かせる職場がない」との理由を挙げ、退職を迫る手順などが記されており、「三洋電機の人事部門の幹部は、二〇〇〇年代半ば、経営幹部から『これを見て勉強せよ』と言われた」という〈註40〉。

同様の手法はベネッセコーポレーションでも採用されていたようだ。社内で結果を出せず所属が決まらない者たちが、受け入れ先を探す間の所属として「人財部付」に回され、段ボール箱の片付けやテプラ貼りなど、本来の業務とは関係のない単純作業をさせられる制度があった。この「人財部付」待遇をめぐっては、裁判沙汰にまでなっている。だが、それは従業員たちの側でも、使えない社員たちにもチャンスを与える制度、「人を大事にするウチの会社ならではのもの」と肯定的に評価する者もいたという。そこで、企業側の言い分にも耳を傾けてみよう。〈註41〉

何も仕事らしい仕事をしない人に、上司なり同僚なりがその人を慮ってアドバイスするとします。それでも改善されなければ、その部署ではその人を活かせなかったということで、他部署に異動してもらう。それはよくあることではないでしょうか。移動先が見つからなかった。しかし、せっかく採用した人材です。だから人財部付として〝社内就活〟して、新たに使ってもらえる部署を見つけてくる。それのどこがいけないのか。個人的には納得できません。

しかし「人財部付」の制度をめぐっては、現に法的手段に訴え、裁判を起こそうとまで思い詰め、実行に移した者もいたわけで、この点には十分注意を払うべきだろう。

標的となる社員を隔絶された場所に追いやり、過酷な環境に置くというやり方は、JR西日本の「日勤教育」もこれに該当するだろう。これは福知山線脱線事故（二〇〇五年）の際、若い運転士（死亡）が遅延を回避しようとして、速度超過した原因の一つとされている。JR西日本では業務中にミスをした乗務員に対して、一定期間乗務から外す形での再教育が行なわれていた。その内容は極めて懲罰的で、事情聴取で何回も怒られる、反省文などを繰り返し書かせる、トイレに行くにもいちいち上司の許可を得なければならないなど、乗務員に極度のプレッシャーを与えるものだったという。つまり、それは「運転技術の再教育よりも精神論的な内容」を重視したものであった〈註42〉。

いずれにしても、こうした犠牲者たちの存在を抜きに、二〇〇〇年代における企業の「成長」を語ることはできないのである。そこにはすでに見てきたように、支配者のまなざしを内面化し、企業の方こそ「不正の受益者」であることに疑う目をもたず、むしろ恥や罪の意識に陥って、自己を呪縛し、やがて全人格を奪われたはてに、過労死・過労自殺にまで至った者たちがいる。そうした死は当然、正常な状態での死とは言い難い。そのため、その死の意味をめぐって、残された者たちの心に様々な葛藤を呼び起こすこととなった。

次章では、日本的経営の中で楽園幻想を培ってきたジャパニーズ・ビジネスマンの姿を振り返りつつ、企業側が彼らの死をどのように意味づけてきたかを取り上げたい。

【註】

〈1〉阿部眞雄『快適職場のつくり方―イジメ、ストレス、メンタル不全をただす』学習の友社、二〇〇八年、二五～二七頁。

〈2〉石門心学は、平等を旨とする実践的な生活道徳で、様々な宗教・思想の真理をもとに、庶民に対し、身近な例を用いて「忠孝信義」などの生活道徳を平易に説いた。当初は都市部の庶民層を中心に広がったが、江戸時代後期には農村部や武士も含め全国的に普及した。ちなみに石門とは、石田梅岩の門流という意味を指す。

〈3〉R・N・ベラー、池田昭訳『徳川時代の宗教』岩波文庫、一九九六年、二九三〜二九四頁。

〈4〉速水融『近世日本の経済社会』麗澤大学出版会、二〇〇三年、三一四・三一七頁。

〈5〉礫川全次『日本人はいつから働きすぎになったのか――〈勤勉〉の誕生』平凡社新書、二〇一四年、七三頁。

〈6〉礫川全次『日本人はいつから働きすぎになったのか――〈勤勉〉の誕生』平凡社新書、二〇一四年、一五八〜一六〇頁。

〈7〉礫川全次『日本人はいつから働きすぎになったのか――〈勤勉〉の誕生』平凡社新書、二〇一四年、一六一〜一七一頁。

〈8〉礫川全次『日本人はいつから働きすぎになったのか――〈勤勉〉の誕生』平凡社新書、二〇一四年、二二四頁。

〈9〉マリオ・ヤコービ、高石浩一訳『恥と自尊心―その起源から心理療法へ』新曜社、二〇〇三年、三・五頁。

〈10〉作田啓一『恥の文化再考』筑摩書房、一九六七年、一一頁。

〈11〉作田啓一『恥の文化再考』筑摩書房、一九六七年、二三頁。

〈12〉精神病理学の分野で確立されてきた概念で、うつ病（ドイツ語でメランコリー）になりやすいタイプの類型を指す。メランコリー親和型の特徴は次の二点に要約される。第一に、秩序の維持を求め、几帳面である。第二に、他人との円満な関係を求め、人に尽くす。大野は日本に例を取り、それは特別に病理的な人たちではなく、典型的な真面目人間の模範となる人々を指すと述べている。

〈13〉大野正和『過労死・過労自殺の心理と職場』青弓社、二〇〇三年、六五頁。

〈14〉過労死弁護団全国連絡会議編『過労死』講談社文庫、一九九二年、一〇八頁。

〈15〉森岡孝二『過労死は何を告発しているか―現代日本の企業と労働』岩波書店、二〇一三年、一四二頁。

〈16〉熊沢誠『過労死・過労自殺の現代史―働きすぎに斃れる人たち』岩波書店、二〇一八年、一一四頁。

〈17〉熊沢誠『過労死・過労自殺の現代史―働きすぎに斃れる人たち』岩波書店、二〇一八年、一一五頁。

〈18〉熊沢誠『過労死・過労自殺の現代史―働きすぎに斃れる人たち』岩波書店、二〇一八年、一一三頁。

〈19〉川人博『過労自殺』岩波新書、一九九八年、二〇～二二頁。

〈20〉川人博『過労自殺』岩波新書、一九九八年、二九～三〇頁。

〈21〉広田研二『この命守りたかった―検証／木谷公治君の過労自殺』かもがわ出版、二〇〇〇年、三九頁。

〈22〉高橋幸美・川人博『過労死ゼロの社会を―高橋まつりさんはなぜ亡くなったのか』連合出版、二〇一七年、四四頁。

〈23〉大野正和『自己愛化する仕事―メランコからナルシスへ』労働調査会、二〇一〇年、一五八～一五九頁。

〈24〉斎藤峰彰『セゾンファクトリー　社員と熱狂する経営』日経BP社、二〇一四年、二二～二三頁。

〈25〉秋山謙一郎『ブラック企業経営者の本音』扶桑社新書、二〇一四年、一九～二〇頁。

〈26〉秋山謙一郎『ブラック企業経営者の本音』扶桑社新書、二〇一四年、二〇～二一頁。

〈27〉秋山謙一郎『ブラック企業経営者の本音』扶桑社新書、二〇一四年、一七頁。

〈28〉中村淳彦『ワタミ・渡邉美樹　日本を崩壊させるブラックモンスター』コア新書、二〇一四年、一九・四七頁。

〈29〉今野晴貴『ブラック企業2―「虐待型管理」の真相』文春新書、二〇一五年、一〇六頁。

〈30〉横田増生「ユニクロ潜入⑦『私たちの残酷物語』現役従業員が続々告白」『週刊文春』第五九巻第三号、二〇一七年、三五～三六頁。

〈31〉横田増生『ユニクロ帝国の光と影』文藝春秋、二〇一一年、一八〇頁。

〈32〉大宮冬洋『私たち「ユニクロ一五四番店」で働いていました』ぱる出版、二〇一三年、二〇二頁。

〈33〉マリオ・ヤコービ、高石浩一訳『恥と自尊心―その起源から心理療法へ』新曜社、二〇〇三年、一一三頁。

〈34〉濱口恵俊『「日本らしさ」の再発見』講談社学術文庫、一九八八年、一九八頁。

〈35〉橋本茂『交換の社会学―G・C・ホーマンズの社会行動論』世界思想社、二〇〇五年、一六八〜一六九頁。

〈36〉橋本茂『交換の社会学―G・C・ホーマンズの社会行動論』世界思想社、二〇〇五年、一六三頁。

〈37〉今野晴貴『ブラック企業―日本を食いつぶす妖怪』文春新書、二〇一二年、二九頁。

〈38〉今野晴貴『ブラック企業―日本を食いつぶす妖怪』文春新書、二〇一二年、三九頁。

〈39〉隔離部屋の初見は国鉄で実施された一九八六年の「人材活用センター」に遡る。分割民営化に反対する国鉄労働組合の組合員たちを送り込み、草刈りや文鎮づくりといった本来の業務とは関係のない仕事をさせ、組合脱退や退職に追い込んだ。これにより多くの組合員が組合から離れ、多くの者が自殺したという（木下武男「リストラ・『追い出し部屋』と日本型雇用の変容」『POSSE［特集］追い出し部屋と世代間対立』vol.22　NPO法人POSSE、二〇一四年、七一頁）。一方、七〇年代後半以降に登場した「窓際族」は、仕事を与えられず、西日の射す悪環境の窓際の閑職に追いやられた余剰の社員を指し、一見「隔離部屋」と似ているようだが、こちらは終身雇用制が保証され、クビにならず定年まで勤め続けることができた。

〈40〉木下武男「リストラ・『追い出し部屋』と日本型雇用の変容」『POSSE［特集］追い出し部屋と世代間対立』vol.22　NPO法人POSSE、二〇一四年、七三頁。

〈41〉秋山謙一郎『ブラック企業経営者の本音』扶桑社新書、二〇一四年、三五〜三七頁。

〈42〉松本創『軌道―福知山線脱線事故　JR西日本を変えた闘い』東洋経済新報社、二〇一八年、一一三〜一一四頁。

Ⅳ 奴隷の生を生きる

前章において、過労死・過労自殺を生み出す日本社会の文化的要因という視点から、そのプロセスの一端を明らかにした。本章ではさらに、過労死・過労自殺を取り巻く社会的背景について考察を深めたい。これは戦後、日本的経営がたどった道筋を紐解くことで、見出すことができる。

日本的経営の中の「ジャパニーズ・ビジネスマン」

高度経済成長期

第二次世界大戦後、日本は「奇跡」と驚愕されるほど急速な経済成長を達成した。それは戦後日本が目指してきた政策運営の第一の目的であり、実際に実質国民所得が戦前の水準を超えると、一九五六年の『経済白書』には「もはや戦後ではない」と記された。一九五八年にはジェームズ・アベグレンの『日本の経営』が刊行され、そこで「年功序列、終身雇用、企業別組合」の三つの組み合わせから成る日本的経営論が提起されたことから、日本の経営の特質としてことさら「終身雇用」という点が喧伝されることとなった。ただし、第Ⅱ章でも述べたように労働史研究の兵頭釗によれば、終身雇用が労働者の大多数を占める現場労働者たちも含めた慣行として広く定着したのは、六〇年代

を迎えて以降のことだという。〈註1〉
一九六〇年には成長優先主義の立場から「国民所得倍増計画」が打ち出され、一人当たりの国民所得を二・四倍にするという目標が掲げられた。このような中で日本経済は順調に発展し、翌年までには年率一〇％に近い成長率を記録し、ＧＤＰ（国内総生産）の規模は実質四倍以上の伸び率となった。この時期の労働者の所得を見ると、物価変動を除く実質で一人当たりの報酬は約三倍に、また現金給与の面では二倍にまで増加したという。このような背景の中で人々は豊かさを享受し、経済成長を謳歌したのである。それにつれて、労働者たちは企業の成長に自身の生活保障を託すようになっていった。
こうした趨勢と連動するように、一九六九年には日本経営者団体連盟より報告書『能力主義管理―その理論と実践』が出版されている。大企業の人事担当者を集めた「能力主義管理研究会」の筆になるこの報告書では、同じ職場の中で品質管理を目標として自主的に実施するＱＣサークル（QC＝Quality Control）などの小集団活動が強調され、生活共同体ないしは運命共同体的な「第二のふるさととしての企業観」が提唱されていたという。〈註2〉高度成長のさなか、「ふるさと」を遠く離れて都会で暮らし働く勤労者にとり、企業は生活の糧を得るための労働の場という意味を超えて、生まれ育った故郷と等しい意味を持つ「第二のふるさと」と位置づけられた。そこはいうまでもなく、従業員相互の思いやりに溢れた場所だとされた。
だが、そのようなふるさとと意識が喧伝される一方で、従業員たちを取り巻く現実は、生活苦から脱するための長時間労働にあえぐ日々の繰り返しだったという。〈註3〉

西洋人と異なって、日本人にとっては、労働は苦痛からはるかに遠いところにあった。賃金水準のもともと低い日本人にとっては、長く働くことが生活にとって救いであり、長く働くことによって、ともかく生活の危機を乗り越えることができると思われているからである。だが、長く働かなければ一家を扶養できなかったという事実そのものが、やがて、時の経過とともに、長く働くことが人間にとって好ましいことだと思われるようになり、長時間の刻苦精励が生活道義として高い価値を持つようになってしまう。

一方、企業側による従業員たちへの拘束も強化されていった。作家の黒井《くろい》千次《せんじ》（一九五五年に富士重工〈現、ＳＵＢＡＲＵ〉に入社し、一九七〇年に退社）は、退職の際の上司とのやりとりを、次のように書き留めている〈註４〉（傍点・引用者）。

ところで、退社することにひそかに決めた上で、そういう自分を上役がどう見ているかを是非知りたいという気持を抱いた。直接の命令系統にはないが日常の業務では関係の深い一人の上役に相談をもちかけてみることにした。会社を辞めるべきか否かについて迷っているのだが、ご意見をうかがえないか、と。君はもう辞めた方がよい、と上役は言下にいった。実はあの男には大切な仕事はまかせるな、との声が上の方から私の耳にはいっている。私自身もそう思う。なぜなら、君は小説を書いている。業務の他にそういうものがある以上、そちらに一生懸命になればどうしてもエネルギーをさかれて、会社の仕事に注ぐ力が弱くなるだろう。会社が求めているのは職場にいる時だけの人間ではなく、二十四時間の企業人なのだから、と。

「二十四時間の企業人」こそ会社が求める労働者像だという上役の言葉から、一人の人間に付与されたすべての時間に対する企業側の支配欲、独占欲が読み取れる。このような企業の思考は、文化人類学のダグラス・ラミスの主張する「管理するために管理する」という思考法にも通じている。[註5]

　早く帰すとなにをやるかわからない。それは不安でしょうがない。だからギリギリまで働かせて、あとは飲んで寝るしかないということを確認してから帰す。

この「自由時間を持たすことに耐えられない」という企業側の思惑は、これと裏返しに、同様の思いを従業員の側にも抱かせるようになるとラミスは説明する。[註6]

　自分の自由時間がこわくなってくる。自由時間があれば、たとえば疑問をもつとか、なんのために働くとか考えなきゃいけない。考える時間はなるべくないほうがいい。働いているか、酔っぱらっているか、テレビを見ているか、寝ているか。それに一貫しているのは考えなくてもいいということです。

ここに成立する雇用者と労働者の共依存関係は、「ジャパニーズ・ビジネスマン」の苗床《なえどこ》となる。

オイルショックからバブル期まで

一九七〇年代に入ると、第一次オイルショック（一九七三年）により、日本経済は戦後初めてのマイナス成長を記録し、約二〇年間続いた高度成長も終焉を迎えた。オイルショックで失業の危機が迫ると、政府は企業の雇用慣行を活用し、解雇を回避するように補助を行なった。これを受けて産業界にも変化が生じた。産業界は不況から脱出し、新たな経済成長の道を切り開くために、「省資源・省エネルギー」による「減量経営」を断行した。それは次のようなものであった[註7]（傍点・引用者）。

この減量合理化は、雇用システムや生産システムにとどまらず、資源開発や資金調達など様々な側面に及んでいる。生産システムの面でとくに重要視されたのは、生産技術と情報処理技術のＭＥ化（引用者注：マイクロエレクトロニクス化。マイクロコンピューターの活用によりそれまでの生産の仕方を一新し、機械任せの領域を大幅に拡大していくというもの）と在庫を極小化して全工程に円滑な流れをつくり出すＪＩＴ（ジャスト・イン・タイム）であった。（中略）雇用システムについて、今日にいたるまでほぼ一貫して追求されてきたのは、正社員、本工などの正規労働者の数を減らして少数精鋭主義を徹底させ、臨時工、パートタイム労働者などの非正規労働者を増やして労働コストを削減する戦略である。

とりわけ減量経営による人員の削減は、少数精鋭主義を生じさせることになった。これにより、一方では男性の正社員たちの労働時間が増加し、長時間にわたる残業が正当化されたが、他方でそれは非正規労働者の増加をもたらした。そこには一九七〇年代半ばを画期とする労働組合の権限の弱体化が関係していた。本来、従業員の立場を強化し、ストライキなどによって労働者の待遇改善を使命とする労働組合が、企業の支配機構に巻き込まれて「闘わない組合」、すなわち御用組合化したのである。その結果、企業側の従業員に対する支配権が強化されるに至った。

当時は転職の自由度も著しく低かったため、従業員は辞めたくても辞めることができなかった。そこで雇用の保障を受ける代わりに、受けた命令は何でも受け入れ、企業にしがみつく「企業戦士」となるしか道がなかった。こうしていかなる要請（ノルマの増加、頻繁な配置転換、単身赴任、出向などの）であっても受任し、時にはただ働きも強いられるような状況に陥ることとなった。また、そうした社員生活を送るには、「体力増強も勉強も、アフターファイブにおいては私生活上の都合よりもたとえば残業やＱＣ活動を優先させる志向、要するに『精鋭会社員』らしい生活態度が必要」とされた。さらに、このような「生活態度としての能力」とともに、状況次第で職務の割り当てや配置に対して柔軟に対応していける「フレキシブルな能力」が、企業で働き続けるのに不可欠な能力とみなされるようになった。〈註8〉

一九七九年、米国の社会学者エズラ・Ｆ・ヴォーゲルの『ジャパン アズ ナンバーワン―アメリカへの教訓』の日本語訳が原著刊行とほぼ同時期に出版されると、日本的経営を含む労働諸制度の成功が高らかに喧伝された。翌年の『経済白書』には「先進国日本の試練と課題」という副題が付けられた。それまで日本政府は日本経済の「後進性」を問題にし、経済の近代化・合理化が必要だと熱心に説いていたが、これ以後、日本は先進工業国の先頭グループに位置し、海外からは見習うべき対象となったとする自己像である。

労働省で長らく労働経済課長を務め、一九七〇年代に多くの『労働白書』の執筆に携わった田中博秀は、日本的雇用慣行の特質について次のように述べている〈註9〉(傍点・引用者)。

> そして、ここで一つ重要なことは、このような「人」と「仕事」の緩やかな結びつきを前提とした人事管理、賃金管理を行いうるためには、企業に属する「人」が広い範囲にわたって均一性、同質性をもっていることが必要であるということである。つまり、誰が、どの仕事を担当しても、一応決められたことだけはきちんとこなすことができるという前提条件がなければならないということである。それは、能力面において均一性、同質性が確保されていることはもちろんのこと、言語、風俗、習慣などの面においても赤のれん的なコミュニケーションを図るためには均一性同質性が確保されていることが必要である。つまり、同一の文化を共有していることが必要であるし、さらに、その均一性、同質性が相互の信頼関係にまで高められるほどのものであることが必要とされるのである。(中略)それだからこそわが国においては日本的雇用慣行といわれるような独特の管理システムが形成され、定着してきたのであると考えられる。

同一の文化の共有による職場における均一性・同質性の確保のもと、日本的経営は次々と実践に移されていった。だが、その陰で、発症から二四時間以内の死を意味する「突然死」が取りざたされるようになっていたことを忘れてはならないだろう。

一九八六年には労働者派遣法が施行され、これを機に非正規雇用が激増することとなった。それとともに翌年以降、メディア上には「企業戦士」という言葉が躍るようになった。日本的経営はこうしてバブル期（一九九二年頃）に至るまでいっそう強化されていくこととなったが、その一方で、就業中の死も過労死としてようやく社会問題化されることとなった。

「失われた一〇年」からリーマンショックまで

バブルが弾けると、日本全体が憂鬱なムードに包まれ、八〇年代にあれほど賞揚された日本的経営を称賛する掛け声もすっかり消え失せた。それに代わって、「破綻」、「危機」、「崩壊」、「第二の敗戦」といった喘ぎ声に近い文字列が、「平成不況」や「失われた一〇年」などの言葉とともにメディアを賑わせることとなった。それとともに、かつて日本経済の繁栄を高らかに歌ったリゲインのキャッチコピーも、九〇年代後半からは、社会に蔓延する疲労感を慰撫するかのような表現に変わっていく。「その疲れにリゲインを」（一九九六年）、「たまった疲れに」（一九九九年）、そして二〇〇四年には「疲れに効く理由がある」と、いっそう弱気な表現となってしまう。

一九九五年、日本経営者団体連盟によって「個人の主体性の確立」や「個性重視の能力開発」を掲げる「新時代の『日本的経営』」が提起された。これは従来、日本の職場で重視されてきた集団性の視点が失われたことを意味する。これを機に、大企業を中心に成果主義が本格的に導入され、従業員たちに対する勤務評定は、各人における業務遂行の過程と結果が評価基準となった。さらに二〇〇一年の経済財政年次報告では「改革なくして成長なし」が副題に掲げられ、それ以降、「成長」が企業の課題と見なされることとなった。

しかしそうした中、一九九八年には戦後初のマイナス成長を迎え、自殺者が三万人を超えるに至った。うつ病に端を発する過労自殺が社会的問題の俎上に挙げられるのは、このような状況を反映してのことであり、この年は「過労自殺元年」と称された。また、この頃より、企業において様々なハラスメントが横行するようになり、二〇〇一年にはパワーハラスメントが用語として概念化されることとなった。

前述の動きと前後して一九九九年に施行された改正派遣法は、政令指定業務以外の仕事でも原則自由に派遣が可能となる仕組みを生み出した。その結果、どのようなことが起こったか？　社会学の吉見俊哉は次のように指摘する。〈註10〉

その結果、多くの企業で、「ユーザー」の立場で必要に応じて労働者を加減できる仕組みの「使い勝手の良さ」が魅力となり、正規雇用を拡大せずに派遣社員で置き換えていく流れが拡大していった。

上に述べたような状況が複合的に作用することで、一九九〇年代半ばから二〇〇〇年代初めにかけて「就職氷河期」が訪れる。その波をもろにかぶった世代は「団塊ジュニア」〈註11〉と呼ばれるボリュームゾーンであり、それだけに「失われた一〇年」の傷は深刻であった。

その後、「いざなみ景気（二〇〇二〜〇八年）」と呼ばれる緩やかな景気回復の時期を迎えたものの、それは従業員にとっては賃上げなしの状態であったことから、生活実感を伴わない景気回復に過ぎなかった。先に述べた従業員に対する「コスト」認識や、「夢」「成長」といったキーワードによるポエム化が企業に波及していくのは、ちょうどこのような状況下でのことだった。

他方、二〇〇六年には過去最高益を計上する企業も続出した。この好景気を背景に、居酒屋チェーン・ワタミの経営者・渡邉美樹は、著書『きみはなぜ働くか』（日本経済新聞出版社、二〇〇六年）の中で成長の秘訣を二〇〇五年の給与メッセージに依拠し、「三六五日、二十四時間、死ぬまで働」くこととし、次のような言葉でこれを賞揚する。〈註12〉

> 人間とは、誰かが一緒に走ってくれるから頑張れる。上司は必ず部下によりそい、親や兄姉のような目でみつめる。そして、葛藤の中で生まれた言葉として、「三六五日、二十四時間、死ぬまで働け」と語ってほしい。（中略）「しっかりやれ」と言い切るのではなく、皆で一人を支える気持ち、皆の心をいくつもいくつも重ねることが大切なのである。（中略）「死ぬまで働け」。この言葉がもし独り歩きしてしまったら、単なるモーレツ会社のスローガンでしかない。この会社は、社員が幸せになるためにある。

ちなみに同年には、あたかも景気回復を背景として国家主義を再燃させたかのような安倍晋三『美しい国へ』(文藝春秋、二〇〇六年)や、藤原正彦『国家の品格』(新潮社、二〇〇五年)といった著作が刊行されている。

一方、その背面では「非正規という生き方」が定着していき、非正規労働者たちは人手不足の時だけ一時的に雇える雇用の調整弁として扱われるようになった。

リーマンショック(二〇〇八年)の時期を境に、就職難がさらに深刻化すると同時に、働き方も大きな変化を迎えた。IT技術の進歩による情報化の進展により、就業中のみならず、退勤後も「仕事がどこまでも追いかけてくる」状況となったことは、従業員たちをいっそう疲弊させることになった。ネット投稿により明らかとなった「デスマーチ」[註13]という若年のシステムエンジニアたちが抱えている窮状から、「ブラック会社」という言葉がマスコミを媒体として普及し、同年には『ブラック会社に勤めてるんだが、もう俺は限界かもしれない』(黒井勇人、新潮社、二〇〇八年)として書籍化、翌年には映画化されるに至った。このように職場環境は荒んだものとなり、新入社員たちを三年使い回せればよい、はなはだしくは労働法を遵守せず、違法なサービス残業をさせても構わない、と豪語して憚らない経営者たちが出現するようになった。

リーマンショック以降

リーマンショックを機に、二〇〇九年には失業期間が三カ月以上に及ぶ完全失業者が二〇〇万人を超えた。この頃になると、かつて非正規職には垂涎の的だった正規社員に対しても、使い潰しが平然と行なわれるようになる。NPO法人POSSE代表・今野晴貴は著書『ブラック企業―日本を食いつぶす妖怪』（文春新書、二〇一二年）で、次のように述べている。〈註14〉

〇九年のこの時期からは、明らかに若年正社員の扱いの変化が感じ取れた。それは「使い捨て」と呼ぶにふさわしい扱いを、若年正社員は受けているという実感である。あるいは、すでに変化していた正社員雇用の性質が、それまでの好景気の中では見えず、リーマンショックを契機としてあらわになったといってもよいだろう。

今野は「ブラック企業」の定義については明言を避けているが、判断の目安として、若年労働者を大量に採用し、長時間労働・違法労働、過重なノルマ、パワーハラスメントなどによって使い潰し、次々と離職に追い込むという特性を挙げている。同様の傾向は老舗企業にも見られるが、新興企業では特に顕著だという。

かつて正社員は日本的経営の下で生活が保障されていた。つまり企業の巨大な命令権限と引き換えに、長期雇用と年功賃金、加えて欧米社会にはない退職金が保障されることで、生活の安定を手に入れることができた。このように、長年にわたり頑張れば必ず報われる、という構造が日本的経営にはあった。しかし、それは「ブラック企業」には期待できないことである。従業員たちに残されたのは、ただ従うべき巨大な命令権限のみであった。換言すれば彼らは、「不正の受益者」(本書一六〇～一六五頁参照)としての経営陣を延命させるための捨て駒でしかなくなったのである。とうに「配分的公正」が歪められているにもかかわらず、従業員に対する企業の命令権限だけは是正されないまま残されている。そうした矛盾点が、「ブラック企業問題は日本型雇用の変質」と指摘される所以である。〈註15〉

リーマンショック以降、つまびらかにされてきた労働実態や今野たちの活動を通じて、「ブラック企業」をめぐる認識は人口に膾炙するようになった。こうして「ブラック企業」への就職を回避するためのガイドブックなどが多数出版され、インターネット上でも多くの情報が共有されている。わけてもPDFファイルで公開されている上西充子・今野晴貴・常見陽平「ブラック企業の見分け方—大学生向けガイド」(http://bktp.org/recognize)は、幅広く参照されている。そこでは「ブラック企業」を見分ける指標として、特に留意すべき五つの項目があげられる。

①　新規学卒社員の三年以内の離職率三割以上
②　過労死・過労自殺を出している
③　短期間で管理職になることを求めてくる
④　残業代が固定されている
⑤　求人広告や説明会の情報がコロコロ変わる

二〇一二年には日本最長の政権となる第二次安倍政権が誕生。同年、二〇〇八年に過労自殺したワタミの若年労働者(女性)の労災が認定される。合わせて、二〇一三年に過労死したNHK記者(若年の女性）に対する過労死認定を機に、過労死・過労自殺問題に関する法令の整備が急ピッチで進められた。

その結果、二〇一四年に「過労死（等）防止（対策推進）法」が成立し、過労死等防止対策推進協議会が設立された。これにより、過労自殺が労働社会問題として位置づけられ、過労死は法律用語として定着した。

続く二〇一五年には、労働基準監督署内にチェック機関としての「過（重労働撲滅）特（別対策室）」が設置され、同時に過労死防止大綱が作成された。それとともに従業員五〇人以上の職場に対しては「ストレスチェック」も義務化された。

二〇一六年に始まる「働き方改革」の延長線上、二〇一八年に「働き方改革法案」が成立（施行は翌年）する。これは「高度プロフェッショナル制度」と呼ばれ、名目上は同一労働・同一賃金を標榜する「裁量労働制」だが、実態は〝定額働かせ放題〟と揶揄されるような代物であった。そこには「特別条項付き三六協定」を承認することで、青天井的に従業員を酷使できる抜け道として「時間外労働の上限規制」が盛り込まれていた。これは遺族たちの期待を裏切り、死者を二度殺すに等しいものであった（註16）。

翌二〇一九年には、精神疾患による労働災害が二〇六〇件（うち認定五〇九件）と、過去最多を更新する。一方、過労死・過労自殺の一因とされる職場でのパワハラ抑制を意図し、「パワーハラスメント防止法」が制定された。ただし、そこで例示されるケースでは該当―非該当の境界線が曖昧で、パワハラの概念がわかりにくいとの批判が出されている。

そして現在、新型コロナウイルスが猛威を振るう中で、企業に対する出口の見えない自粛要請が、従業員たちをまた新たな苦境に陥れている。大企業は早々とリモートワークに切り替えることができたが、中小企業、あるいはインバウンドに依存する観光業、不特定多数の人との接触が避けられない飲食業などで、コロナ倒産のケースが増えている。だが緊急事態にもかかわらず、政府は何ら決定的な救済策も打ち出せないまま、手をこまねいているばかりに見える。「失われた一〇年」以降、いまだ日本は先の見えない閉塞感から抜け出せずにいるのである。人々が企業に対して抱いていた楽園幻想は既に破綻していたが、それをコロナ禍が完膚なきまでに破壊してしまったといえよう。

さて、前章では、いわゆる「ブラック企業」を生み出す企業側の手口として「恥」「罪」の問題を論じたが、次節ではパワーハラスメントの側面に焦点を当てて考えてみたい。

奴隷の生を生きる

パワーハラスメントの構造

ある企業の話である。バリバリと営業活動をこなし、常にノルマ以上の成績を上げ、未来の営業部長候補との呼び声高いグループリーダーのAは、ノルマをこなすためにBが取った手段をめぐって、他の部下たちの面前で荒々しい言葉で罵倒し、あげくバカ呼ばわりした。それは以下のような内容だった。

「お前ねぇ、何年この仕事やってるわけ？　俺がそう言ったからって、それを鵜呑みにするの？　お前の脳ミソはどこにあるんだよ？」

「じゃあ何かい、俺が『泥棒をしろ』と言えば、おまえはそのとおりするってことか？　バカじゃないの？」

これをBは、叱られる理由を説明するための愛情から出た言葉ではなく、ただ自分が上司という立場を分からせ、屈服させるためのパワーハラスメントと受け取った。やがて仕事への意欲が薄れ、食欲もなくなり、睡眠も満足に取れなくなるまで追い詰められてしまう。そこでBの出した結論は退職ということだった。このことを知ったAの同僚のCは、Aのパワハラは彼が若いころ上司から受けたパワハラが原因であり、パワハラにはそれを「受けた者は、誰か別の者にパワハラをする」という連鎖する性質があり、とても危険なものであると、自分の部下に説明する。

この話はフィクションだが、実際に起こった出来事をもとに構成されており、パワハラの本質を突いていると考えられる。〈註17〉

パワーハラスメント、略して「パワハラ」という言葉が広く知られるようになったのは、一九九一年に自殺した大手広告代理店社員の過労自殺裁判（本書一四七頁参照）以降のことであろう。だが、職場の上下関係から生じる度を越した上司の叱責、理不尽な業績評価、不本意な人事異動、不公平な業務の采配、あるいは無視や陰口それにからかいなど、そうした現象自体は個々ばらばらで、その輪郭も曖昧な事物相互の連関に一定の意味を付与し、概念化したものに「パワーハラスメント」という名付けがされたのは、二〇〇一年になってのことだという。当事者の証言によれば、「パワーハラスメント」命名のいきさつは以下のようなものである。〈註18〉

それまで適当な言葉がなく、「部下いびり」「職場内のいじめ」などが使われていましたが、私たちが受けた相談や訴えは、決して会議室や給湯室でコソコソと悪口を言うというような「いじめ」のイメージには合わないと考えたからです。新たに見えてきたのは、上司から部下への「指導という名の人格攻撃」だったのです。（中略）そのような状況を踏まえ、主に職場を舞台として行われ、「職権」をはじめとしたさまざまな力を背景に行われる、すなわち「パワー」による「ハラスメント」であることから、この現象を「パワーハラスメント」と名づけたのです。

ハラスメントに遭遇し、仕事への意欲が喪失させられる状況に陥ってなお、やりがいを維持しつづけるよう期待され、〈註19〉全人格を労働に没入させるよう求められる。こうして過労死・過労自殺を誘発しかねない危険な労働に向かわされてしまう現象を、一体どのように解釈すればよいだろうか。そこで、第Ⅰ章で取り上げた「自発的隷従論」に再び注目してみたい。

「自発的隷従」とは、一六世紀カトリックとプロテスタントとの抗争の時代に生き、三〇代で夭折したフランス人思想家エティエンヌ・ド・ラボエシが残した言葉である。彼の疑問は優れた指導者に服従し統治されるのでも、多数者の圧政に対して服従するのでもなく、なぜ人々は簡単にせっかく苦労して手に入れた自由をみすみす手放し、ただ一人、それもさして屈強とも思われぬ者の圧政に自ら従ってしまうのか、ということだった。この問いに対するラボエシの記述を、再度取り上げたい。〈註20〉

信じられないことに、民衆は、隷従するやいなや、自由をあまりにも突然に、あまりにもはなはだしく忘却してしまうので、もはやふたたび目ざめてそれを取りもどすことなどできなくなってしまう。なにしろ、あたかも自由であるかのように、あまりにも自発的に隷従するので、見たところ彼らは、自由を失ったのではなく、隷従状態を勝ち得たのだ、とさえ言いたくなるほどである。たしかに、人はまず最初に、力によって強制されたり、うち負かされたりして隷従する。だが、のちに現れる人々は、悔いもなく隷従するし、先人たちが強制されてなしたことを、進んで行うようになる。（中略）習慣はなによりも、隷従の毒を飲みこんでも、それをまったく苦いと感じなくなるようにしつけるのだ。

また労働研究の熊沢誠は、ジョセフ&スージー・フッチニが『ワーキング・フォー・ザ・ジャパニーズ』（一九九一年、原著は一九九〇年）で示した事例を取り上げて、「強制的自発性」として概念化している。そこで例示された出来事は、一九八七年に自動車メーカーのマツダ在米工場で起こったトラブルに端を発する。それは以下に記すように、文化的相違から生じた出来事だった。

マツダの工場では労働者に制服を配布し、その着用を義務付けていた。そのこと自体に対しては、特に労働者の側から反発を招くことはなかったという。だが、そのとき同時に配布された「マツダの印の入った野球帽」をめぐって、悶着が起こる。最初、労働者の側から「被らなくてはならないか」と質問が出たが、「強制ではない」と返答したところ、大半の者たちが帽子を被らずに出勤した。これを見た日本の派遣経営者たちは、「本当に会社のことを考えているなら、自然に野球帽をかぶりたいと思うはず」と考え、会社への敬意が欠けていることの表われと問題視した。それに対し、労働者たちは強く反発した。「野球帽をかぶれと命令するのであれば、その命令は聞き入れる。だが、我々に『野球帽を自発的にかぶりたいと思うようになれ』、は命令するな」というのが、彼らの言い分で

あった。[註21]

そこには、日米における思考の食い違いが浮き彫りになっている[註22]（傍点・引用者）。

「日本人はmandatory（強制的）ということと、voluntary（自発的）ということのはっきりした区別がつかなくなっているのではないか」。はたとひざをうって、本当にそうだと思いました。野球帽に関するこのような批判をなしうるような研ぎすまされた人権感覚、個人主義のようなものは、やはりこれから、強制と自発がないまぜになった、日本の職場をみなおしていくうえで不可欠のものだという気がします。

日本の経営者がアメリカ人労働者と協働するには、まず「強制的」と「自発的」の違いを踏まえるべきであろう。一方、日本の労働者たちは「強制と自発をないまぜ」にし、個々の人権感覚よりも「会社員なら被って当然」という点を優先する。つまり、そこには労働に対する認識をめぐる日米の文化差が示されていよう。

歴史民俗学の礫川全次は、この「強制的自発性」をめぐるトラブルについて、先述したラボエシの「自発的隷従」を援用して解釈しようとする。[註23]

日本の派遣経営者は、アクセサリーとしての野球帽を配ることによって、労働者の会社への自発的隷従を誘おうとした。しかし、アメリカの労働者は、命じられてもいないのに、「自分から」

野球帽をかぶることはしなかった。「本当に会社のことを考えているなら、野球帽をかぶりたくなるはずだ」という日本人経営者の言葉を、彼ら労働者は、「野球帽を自発的にかぶりたいと思うようになれ」という指示として受け止めた。このことは、彼らが最初から、「自発的隷従」という発想を持っていなかったことを物語っている。なお、両フッチニ氏によれば、彼ら労働者は、この指示を、「強制的な自発性」(mandatory voluntary)と呼んでいたという。

つまり日本人の「自発的隷従」には、強制と自発がないまぜとなった「強制的自発性」の意味が含まれており、そのことを前提に過剰なノルマが決められていく。これにパワハラなどのハラスメントという圧が加わることで、働き過ぎによる過労死・過労自殺が多発することになるのである。〈註24〉本来「配分的公正」が維持されるべき労働の場で、被雇用者が雇用者から、部下が上司から、自発性を強制されるということは、ハラスメントと容易に結びつく。さらに、ハラスメントを受けることが、労働者たちを過労死・過労自殺にまで追い込むのはなぜであろうか。

すでに記したように、パワハラには、それを「受けた者は、誰か別の者にパワハラをする」という危険な性質がある。こうした「パワハラの連鎖」はどのように発生するのだろうか。この問題を考えるうえで、以下に満州金融史研究の安冨歩のハラスメント論を参照してみよう。

安冨によれば、ハラスメントとは、ハラスメントを仕掛ける者(ハラッサー)と被害者(ハラッシー)との間でなされるコミュニケーション過程である。ハラッサーは、自己呪縛によって作り上げた「おまえは劣っている」という自己イメージを他者に投影し、この「謂われなき劣等感」を押し付けられた標的がハラッシーとなる。彼・彼女がこれを自分自身の劣等感として転位させたとき、ハラスメントは達成される。こうして「謂れなき劣等感」に自己呪縛されたハラッシーは、ハラッサーに服従し、その意のままに動かされるようになる。また、植え付けられた「謂れなき劣等感」を他者に転位することで、新たなコミュニケーション過程としてのハラスメントを仕掛ける側となる。これを「ハラッシーハラッサー」と呼ぶが、この言葉が示すように、ハラスメントは連鎖する性質をもつのである。[註25]

それでは、標的に「謂れなき劣等感」を覚えさせ、自縄自縛させるにはどうすればよいか。そこで活用されるのが罪悪感である。安富によれば、ハラッサーの手法とは、罪悪感を抱きやすい人間の傾向を巧みに利用するものだという。すなわち、「外的規範に対して自分が劣った存在だと感じており、周囲に何かもめごとがあっただけで、自分に責任があるとむやみに思ってしま」いがちで、「理解不能なことに遭遇すると、自分の理解能力に疑問を感じてしまい、他人の主張を批判できない」ような者を標的とし、その性格を利用することで、「罪悪感を覚えさせ、自分に都合の良い外的規範を押し付ける」というものである。[註26]

安富はこうした傾向が顕著に表れる特徴的な振る舞いとして、いくつかの事例を挙げている。そのうち「意味不明なことを自信を持って言う」、「もっともらしく理念を語る」という二点は、[註27]第Ⅱ章で取り上げた「夢」などのポエム化された企業理念の事例とも重なる。これらは「意味不明」なるがゆえに、ある人びとにおいては「自分の理解能力に疑問を感じ」させ、ひいては「自分が劣った存在だと感じ」させるであろう。そうした人びとは、「意味不明なこと」をハラッサーが「もっともらしく」「自信を持って言う」ような場面において、自分にはそれが「理解不能」であることに罪悪感（うしろめたさ）をかき立てられ、より劣等感を植え付けられる。こうして「他人の主張を批判でき」ず、自分の考えを明確に表現できなくさせられると、さらに卑下され、よけいハラッサーの標的になりやすくなる。

以上、ハラスメントの生成因となる罪悪感は、当事者たち相互の間で「謂れなき劣等感」として作用・転用されていくことを明らかにした。パワハラが常態化した職場で過労死や過労自殺が多発するのは、そうしたハラスメントの矛先が他者に向かうのではなく、自己処罰的に作用した結果ではないかと考えられる。

もう一つの服従のシステム

これまで見てきたように、ある人に対して強制的自発性を発動させ、こちらの意のままに働かせるには、パワハラを通じて罪悪感を植え付けることが必要となる。では、それは具体的にどのような方法でなされるのか。以下、「生の負債化（奴隷の生）」という視点を取り上げ、「神話的暴力」「原恩（おかげ）意識」という二つの局面から考えてみたい。

「生の負債化」とは、相手に対し、自分は負い目のある人間だと思い込ませることで、ハラスメントを正当化するよう仕向ける戦略である。これにかかった人間は、ハラスメントを受けるのは、先輩や上司の望む「良い社員」になれない自分のせいだと思い込まされる。先輩や上司はそんな自分をただそうとして、善意で「教育」（時には暴力的な言動を用いてまでも）を施してくれているのだ、それは愛の鞭であって決してハラスメントではない、とまで思い込むようになる。つまり、「負い目（負債）を負っている自分は喜んでこれに耐えていくべきだ」ということになり、経営陣や上司にとって誠に好都合な論法がまかり通ることとなる。

　では、このような負い目を意識化させるにはどのようにすればよいのか。ヒントとなるのが、哲学者ベンヤミンの暴力批判論である。ベンヤミンは一切の暴力を廃絶するような暴力とはいかなるものか、また過去の暴力がもたらす罪を一挙に流し去るような暴力とはどのようなものかという問いを立て、『暴力批判論』という著書の中で次のように述べている[註28]（傍点・引用者）。

> いっさいの領域で神話に神が対立するように、神話的な暴力には神的な暴力が対立する。しかもあらゆる点で対立する。神話的暴力が法を制定すれば、神的暴力は法を破壊する。（中略）前者が罪をつくり、あがなわせるなら、後者は罪を取り去る。

　ベンヤミンはギリシャ神話に描かれた伝説に範をとり、まず既成の秩序を維持するために法に拠って罪を作り出し、それに対して行使される暴力を「神話的暴力」と名づけた。ひるがえって、法による既成の秩序そのものを一気に消し去るような対抗的な暴力を「神的暴力」と規定した。それは人間が犯した罪に対して下される神の怒りにも似た暴力であり、革命などがこれに該当するという。以上に照らせば、ハラスメントとは既存の秩序を破壊するどころか、むしろその中に呪縛された状態にありながら、同時に罪のないところに罪（罪悪感）を創出して罰を下す暴力、即ち、神話的暴力といえる。罪を創るということは、全く落ち度のない人物にマイナスのレッテルを貼ることである。これは社会学のE・ゴッフマンに依拠すれば、「スティグマ（マイナスのレッテル）」を負わせることである。ゴッフマンはスティグマについて次のように述べている。〈註29〉

徴は肉体に刻みつけられるか、焼きつけられて、その徴をつけた者は奴隷、犯罪者、謀叛人——すなわち、穢れた者、忌むべき者、避けられるべき者（とくに公共の場所では）であることを告知したのであった。（中略）今日ではこの言葉は、最初のギリシア語の字義上の意味と似た意味で広く用いられているが、不面目を表わす肉体上の印ではなく、不面目自体を言い表わすのに使われている。

スティグマとは本来、キリストの十字架が端的に示すように、負のレッテルを「聖痕」として価値逆転させることのできる徴であった。それに対して、価値逆転どころか汚名を着せられたまま、むしろより重い負のレッテルを負わされるのが、ハラスメントの文脈で貼られたスティグマである。それは過労死や過労自殺という生物学的な死、もしくは退職というかたちで会社組織における社会的死を選ばない限り、雇用者から付与された「不面目の徴」から免れることができないのである。

ハラスメントは、それが部下を「良い社員」にするために必要な「道徳」めいたものとして肯定され、相手に「謂れのない劣等感」を植え付けて忍従を強いていく点に、重大な暴力性をはらんでいる。だが社是を盾にしたハラッサーの論理では、本来ハラスメントとされる行為が社員教育の名分のもとハラスメントではなくなる、むしろそれこそが愛の鞭として肯定されるという逆説が成り立つ。一方、ハラッシーにされてしまった側は負い目を負わされているがゆえに、一般にはハラスメントとみなされる仕打ちをハラスメントと認識せず、むしろ企業文化や企業風土というあるべきもの（普遍的なもの）として受け入れる。自分はそれに沿って生きるべきだと思わされると同時に、それができない自分は無能であると罪悪感を抱かされてしまう。こうして自ら、それ以外の生き方を選べなくなってしまう。つまり「社畜」という生を生きていかざるをえなくなる。

従業員を過労死・過労自殺に追い込むような企業が行なっているのは畢竟、ハラスメントという暴力装置を使って社員を呪縛しながら生き延びさせる、それもただ会社の生存のために生きさせること、そして、それ以外の生き方を認めさせないよう追い込むことである。つまり企業社会で生き延びるということは、奴隷のように生きる道を自ら選択するよう仕向けることで可能となる。それは会社に呪縛され、骨の髄まで収奪されるために生きていくことであり、また身も心も支配されるために生きることにほかならない。

では、このような奴隷の生は、個々の労働者において、どのように受容され／させられていくのだろうか。過労自殺者たちの遺書には「済まない」などの文言が数多く見出される。この言葉にはどのような意味が含まれているのか。哲学者・和辻哲郎はこれを「負債」として読み解く〔註30〕。

我々は己の行為の悪の自覚を言い現わす時に、「済まない」とか「済まなかった」とかと言う。しかるにその同じ言葉を我々は負債に関しても用いている。大言海によれば、済ますとは「借りて還す」、「物を買いたる値を出す、払う」などの意であるから、「済まない」のはまさに負債である。（中略）しかし、それならば我々が「済まない」という時に何らか契約を破ったというがごとき意義が存しているであろうか。あるいは何らかの借り、未払いの意義が潜んでいるであろうか。それを明らかにするためには「済まない」という意識を少しく分析すればよい。我々が意志弱くあるいは憶病なるがゆえにある事を果たし得なかった、ということはそれだけでは「済まない」という意識を引き起こしはしない。そのために他の人を苦しませたとき、あるいは一般に他の人の存在に欠陥を生ぜしめたとき、我々はその人に対して「済まない」と感ずるのである。（中略）すなわちここに惹起されたのは契約違反ではなくして信頼の裏切りだったのである。そのために我々は相手に対して為すべきことを為さない。そこに未済分が残り、借りの意義が成立する。以上のごとく悪の自覚が信頼の裏切りの意識である限りそこに「済まない」という感じが起こり、負債即罪責の意義も成立する。

「済まない」を「負債」の意味に読み替えると、過労自殺者たちの遺書にある「済まない」とは、自分はまだ借りを返せていない、つまり「未払い」のままの状態（＝「不正の受益者」）にあるとの認識を意味し、そこに罪の意識（罪悪感）を感じて、悩み苦しんでいたことになる。では、この返したくても返し切れないことから来る罪悪感は誰に対して感じているのだろうか。

　精神分析学との統合を目指す経営学の大野正和は「ピア・プレッシャー」、すなわち職場の仲間たちから向けられる圧力より生じる「会社の上司や同僚といった人たちから受ける助けや支え」に対して「負い目」を感じているのであり、周囲の信頼に応えられない、すなわち、「等量・等質物の返済」では済ませられない、和辻の言葉を借用すれば「信頼の裏切り」が「過労死・過労自殺者にとって最大の苦痛」となっていると説明する。[註31]そこで信頼を裏切らないためには与えられた「恩」に対し、自らの存在を賭けて他者に尽くす姿勢が要求されることとなる。大野は「恩」の対象を個々の実際の人間にではなく、「全体的なものにかかわる何か」と捉えており、そこには「世俗的なものにとどまらない何らかの神聖を帯びた」、ある種の宗教的感情に近い「全面的な帰依」が存在するとしている。[註32]

しかし大野は、恩を与える「供与者」の正体が誰であり、何なのかについては、漠然とした指摘しかしていない。本章では、これを「原恩（おかげ）意識」と捉え、従業員たちを企業に服従させる文化装置としてみる視座を提示したい。

社会学の見田宗介が論じた「原恩（おかげ）意識」とは、欧米社会の道徳意識の根底に超越神による「原罪意識」[註33]が措定されるのに対し、日本においてそれに代わるべきものとして提示された概念である。[註34]それは「いただきます」「ごちそうさま」「ありがたい」「おかげさまで」など、日常的に使われる慣用句に表れているように、「必ずしもつねに、特定の対象を意識しているわけではなく（中略）特定の行為や状態に『恩』を感じるゆえに、何事もなく生きていることそのものが、すでに、いわば『天地の恩』」と捉える姿勢を指す。つまり原恩（おかげ）には、特定の誰かといったような明確な対象が存在するのではなく、曖昧模糊とした存在に向かって、ただひたすら生きていること自体を「恩」として感じ、感謝する姿勢がうかがえるのである。

日本の企業組織にも、このような「おかげ意識」が従業員たちに作用し、恩の供与者である企業を神聖化し、服従の姿勢を生成しているのではないだろうか。それでは、おかげを体感する対象が人間ではなく、企業でなくてはならない理由は何であろうか。

この問題を考える足掛かりとして、社会学者のゲオルグ・ジンメルの「感謝」をめぐる精緻な分析に目を向けてみたい[註35]（傍点・引用者）。

> 他者から感謝に値するものを受けたばあい、つまり他者が「先んじてつくし」てくれたばあい、われわれはいかなる返礼授与あるいは反対給付をもってしても――たとえそれが法的および客観的に最初のものにまさっているにせよ――それに完全には返礼することができない。なぜなら最初の給付には、反対給付には存在しない自発性があるからである。

つまり他者から何かを授与され、これに返礼をした場合、その人が相手に対して尽くす感謝とは、決して返礼によって遂げられるものではなく、授与されたことに対してどんなに返礼しようとしても、し尽くせないという点において成立するというのである。

このような自発的献身から発した最初の好意に対し、これを授与された者は心から感謝せざるを得ない。そして、その人は好意を受けた相手に対して返礼をするよう、倫理的に動機づけられてしまうがために、ある種の強制の作用下に置かれることになる。そうなると、もはや自由の余地は残されない。なぜなら、そうした「自由」は、最初に好意を贈ることのできた人にのみ存するものだからだ。

興味深いことに、これは日本を含む東アジアに共有された「孝道徳」の考え方にも重なり合う。日本民衆思想史の早川雅子は一八三五（天保六）年刊の小川保磨『孝行往来』より、「誠《せい》なる哉《かな》、天性の道。尊き恩恵深き慈愛の有り難さは、太山蒼海《たいざんそうかい》も譬喩《たとゆ》るに足らず。如何程《いかほど》孝養を竭《つく》すと雖《いえど》も、万が一返し奉ずること能《あたわ》ず」の一節を引きながら、日本近世後期の民衆道徳として「孝」を捉え、それは父母に対する報恩が動機付けとなっており、親の恩愛に対する恩返しとして孝養を尽くすことが天性の道、つまり人に生まれつき具《そな》わった生き方と定められる、と指摘している。〈註36〉

母の胎内に生命を芽生えさせてもらったこと、十月十日そこに宿らせてもらい、生んでもらったこと、そして現在に至るまで育ててもらったこと。これら全てが親に対する無限債務となり、子は返礼として孝を尽くさなくてはならない。孝養とは、死ぬまで親の面倒を見るだけでなく、死後も供養というかたちで親を養うことで、無限に返礼し続けることをいう。一方、子に生命を授与した側にとり、そうした生殖・出産の行為はまさしく父母の「自由」に基づくものである。その意味でジンメルの「感謝」と「返礼」をめぐる理論には普遍性があるが、他方、日本における企業労働の在り方を考えるにあたっては、上記したような日本的脈絡も押さえておいたほうがよいだろう。

さて、ジンメルは続けて、以下のように述べている。〈註37〉

　われわれが最初にひとたび給付、犠牲、善行を受ければ、そこからは、かの決して完全には解消できない内的な関係が成立する。なぜなら感謝はおそらくは、あらゆる状況のもとでも道徳的に求められ果たされることのできる唯一の感情状態だからである。（中略）（人が感謝に値するもののために他者へ「拘束され義務付けられて verbunden 」いると主張するのは正しい。）この気分は、何らかの個々の給付によっては解消することができない。

感謝が道徳的に求められるようになったとき、それは他者によって「拘束され義務付けられて」いるに等しい。それゆえ、二度目以降に行なわれる返礼においては、最初の好意と同じような心理的、ないし倫理的な価値が抜け落ちたものとなる。ジンメルが「おそらくは、このことが、なぜ多くの人々が何かを受けとることを好まず、贈りものをされることをできるだけ避けるかの理由」と洞察する所以である。[註38]

既に述べてきた「初発の自発性」という点は、比較文明学・文化精神医学の野田正彰が指摘する、本来雇用者と被雇用者との契約関係で成り立っているはずの会社を、あたかも「共同体」のように受け止める意識にも通底すると考えられる[註39]（傍点・引用者）。

就職というのはタテマエでいうと契約関係で、自分も選択し、会社も採用するということのはずですが、これはほとんど意味をなさない。とにかく採ってくれるとありがたいということになっている。採ってくれるとありがたいという気持ちは、そこに生まれついたみたいな共同体意識にすぐ転化してしまって、自分が選択したという意識はなく、とにかく採っていただいたという発想になっている。（中略）ロイヤリティをもてば必ずそれに報いてくれるはずだと、言語化しないレベルで思い込んで生きるという、そういうことをずうっと強化してきた。

上司が帰るまでは退社できないというのは、まさに「採っていただいた」企業に対する従業員のロイヤリティの証であり、そうした意識が積み重なることで、企業による異常なまでの支配と、それへの絶対服従が生み出されることになる。近年、こうした支配─服従関係から生ずる息苦しさの要因として、山本七平の「空気」の議論（『「空気」の研究』、文藝春秋、一九七七年）や社会心理学に基づく「同調圧力論」などを用いた議論が散見されるようになった。たとえば、鴻上尚史『「空気」と「世間」』（講談社現代新書、二〇〇九年）、鴻上尚史・佐藤直樹の『同調圧力』（講談社現代新書、二〇二〇年）などがあげられる。だが、そこで取り上げられる「空気」や「同調圧力」は行為の動機付けとして語られるものの、ジンメルが指摘した「初発の行為のみに存する自発性」がもたらす拘束、あるいは服従へと至らせるミクロな相互関係については看過されている。

前章で述べたように交換論の視点を援用すると、雇用者から見て被雇用者という対象は、「不正の受益者」とレッテル付けて罪悪感に陥れることで、劣等意識を植え付けることのできる存在である。そうすることで、従業員を企業に都合のよい手駒として操り、服従させることができる。だがマルクス主義理論を俟つまでもなく、両者の関係は賃金（給料）と労働の交換という、本来ドライなものにすぎない。

一方、「初発の行為のみに含まれる自発性」という点に照らせば、企業は、求人および就職内定者の研修などに多大な経費を投じた上、採用後も社員教育を施して、新人が一通りの仕事をこなせるようになるまでに、約三年もの月日を教育に投資しなくてはならない。これは雇用者からすれば、被雇用者とは初期投資の段階で、すでに一方的に与えられるばかりの「不正の受益者」と見なすべき状況となる。換言すれば、従業員たちは会社から与えられる「初発の行為に発する自発性」に一方的に浴している存在といえる。前記したように「採っていただいた」「ありがたい」といった感情が、従業員たちの口から自然と吐露されるのも無理からぬことであろう。

本来、相互的交換となるはずの労使の関係性が、従業員の側にばかり未払いの債務として意識化され、一方的に偏った贈与関係へと転じてしまっていることがわかる。企業に対して「採っていただいた」と感じている従業員は、その「初発の自発性」に発する恩恵を「未払いの債務」と受け止め、そのことへの「感謝」の念を、無限債務の労働を通して払い続けなければならない。雇う側もそうなることを期待し、決済させないように仕向けている。そこに生じる現象がハラスメントの連鎖である。かくして両者の相互関係は返済の義務が解消されるまで、ほぼ永続的に継続されることになる。

では「未払いの債務」を返済し終えるとは、どのような状態をいうのか。それは自分もハラッサーとなることでハラスメントを生き抜き、定年退職というかたちで円満に引退することである。もう一つは依願退職、あるいは過労死・過労自殺というかたちで、自らの会社人間としての存在意義を絶ち切ることである。いずれにしても（一見、円満な退職のように受け止められても）、本来、双務的関係であるはずの贈与交換が、片務的関係へと転化してしまった結果なのである。そして、このような服従のメカニズムを巧みに利用し、操作しているのがいわゆる「ブラック企業」である。

従業員たちは「採っていただいた」ことへの負い目ゆえに、企業側が繰り出す「呪いの言葉」にも容易に絡め取られ、自縄自縛に陥ってしまう。国会パブリック・ビューイングの活動で知られる労働研究の上西充子は「呪いの言葉」という概念を提唱し、それは働く者を追い詰めている側に問題があることに気付かせないよう、本人たちの思考の枠組みを巧妙に縛り、ある事象に対して不快に感じたり、違和感を覚えたり、そのことに非を唱えようとする自分の側にこそ問題があるかのように錯覚させる効果をもつ。つまり「呪いの言葉」とは、相手を心理的な葛藤の中に押し込め、出口のない状況に閉じ込めておくために、悪意を持って発せられる言葉のことだ〈註40〉。

「呪いの言葉」とは「答えのない問い」であり、先に述べたような「理解不能」な企業理念のポエムなども、それにあたるといってよいだろう。もしもそんな言葉や問いを差し向けられたら、決してそれに絡め取られないよう用心すべきだと、上西は言う。ひとたび「呪いの言葉」にかけられた人は、『逆らう』ことは職場に波風を立てることであり、職場の『雰囲気』や『人間関係』を壊すことにつながる」り、それがひいては顧客にも迷惑を及ぼすことにもなると信じ込まされ、委縮して、自分は何も言えないと自分で自分を呪縛してしまう。こうして「文句を言うな」という「呪いの言葉」が、内面化されてしまうのだ〈註41〉。したがって、呪いを呪いとして認識し、「呪いの言葉による抑圧の構造を可視化」する作業が不可欠となる〈註42〉。

このような自己相対化の作業は裏返せば、自らの感情を置かれた状況に合うよう適切に、そして自発的に管理することでもある。感情のセルフコントロールができることは、プロフェッショナルの前提として社会的に推奨される。感情社会学の研究者・山田陽子は次のように指摘する〈註43〉。

企業社会の核は合理性であるため、合理的な振る舞い——感情的でないこと、セルフコントロールができること——はプロフェッショナルな能力の前提条件である。感情豊かでなければならないが、生々しい感情をやみくもに表出すればよいわけではなく、ある種のルールや手続きに沿って、その場に見合う感情の表出が求められている。(中略)自分の感情であろうと他者の感情であろうと、感情をきめ細やかに感じたり察したりする一方で決してそれに没入せず、一歩引いた態度で感情をコントロールすること、手続きに則って発話することが他者と状況を操作することにつながり、ひいては他者と状況を支配する権力になりうる。そして、このような能力や権力を有しているか否かが出世や昇進、富や人脈の拡大、社会階層の移動に大きく影響するという意味で、感情は「資本(capital)」である。

このように資本化された感情は、畢竟、「他者と状況を支配する権力になりうる」のだという。そうした感情が管理された状況を源泉とする権力と、パワーハラスメントとの関係はどのように捕捉すればよいのだろうか。そこには、これまで述べてきた服従のメカニズムが輻輳《ふくそう》し合っており、従業員たちの奴隷のごとき生の相貌を形作っているもう一方の現状を、どのように考えればよいのだろうか。次章ではこれまで個別的に述べてきた服従のメカニズムを統合し、これらを全体として意味づける原理を「企業のヤスクニ」と名づけて検討し、これがもたらす遺族側との葛藤を明らかにしていくことにしたい。

【註】

〈1〉兵頭釗『労働の戦後史　上巻』東京大学出版会、一九九七年、一七一頁。
〈2〉大野正和『自己愛化する仕事—メランコからナルシスへ』労働調査会、二〇一〇年、一五〇頁。

〈3〉大河内一男『これからの労使関係』講談社現代新書、一九六六年、一三六～一三七頁。

〈4〉黒井千次『働くということ―実社会との出会い』講談社現代新書、一九八二年、一四八～一四九頁。

〈5〉ダグラス・ラミス、斎藤茂男『〈対談〉ナゼ日本人ハ死ヌホド働クノデスカ？』岩波ブックレット、一九九一年、三四頁。

〈6〉ラミスの視点に立てば、退勤後にジムで汗を流すでもなく、仲間たちと居酒屋などに繰り出すでもなく、公園のベンチや駅のホームなど街中を所在なくふらつきながらただ時間を潰すだけの、「フラリーマン」と呼ばれる昨今のサラリーマンの存在も首肯されよう。

〈7〉森岡孝二『過労死は何を告発しているか―現代日本の企業と労働』岩波書店、二〇一三年、四二頁。

〈8〉熊沢誠『能力主義と企業社会』岩波新書、一九九七年、三九～四〇頁。

〈9〉田中博秀『現代雇用論』日本労働協会、一九八〇年、三七〇～三七一頁。

〈10〉吉見俊也『ポスト戦後社会　シリーズ日本近現代史⑨』岩波新書、二〇〇九年、一九〇頁。

〈11〉日本で一九七一～七四年生まれの第二次ベビーブーム世代に当たる一群の人々を、「団塊ジュニア」と呼ぶ。現役世代では一九七三年生まれが最多であり、二〇九万一九八三人にものぼっている。

〈12〉渡邉美樹『きみはなぜ働くか―渡邉美樹が贈る八八の言葉』日本経済新聞出版社、二〇〇六年、一三五頁。

〈13〉「死の行進」という意味の英語表現で、長時間の残業や徹夜、休日出勤の常態化など、過重労働を強いるＩＴ業界におけるシステム開発プロジェクトの過酷な労働状況を表現した言葉である。

〈14〉今野晴貴『ブラック企業―日本を食いつぶす妖怪』文春新書、二〇一二年、二二頁。

〈15〉今野晴貴『ブラック企業―日本を食いつぶす妖怪』文春新書、二〇一二年、一八七頁。

〈16〉第一次安倍政権時にも「ホワイトカラー・エグゼンプション」の導入が目指されていた。しかし労働界などから「残業代ゼロ法案」「過労死促進法案」などと猛反発を浴び、二〇〇七年に断念した経緯があることを付言しておきたい。

〈17〉あずさビジネススクール編『やさしくわかるコンプライアンス―茶髪って違反ですか』日本実業出版社、二〇〇七年、一六三～一九〇頁。

〈18〉岡田康子・稲尾和泉『パワーハラスメント』日本経済新聞出版社、二〇一一年、四一～四二頁。

〈19〉「やりがいの搾取」とは、教育社会学の本田由紀が『軋む社会』（双風舎、二〇〇八年）で命名した用語である。労働者が自発的に「自己実現」に邁進しているように見せかけながら、その実、彼らをそうした方向へと巧妙に誘う仕組みが仕事の中に組み込まれているという。本田は企業社会にそうした構造が内在することを指摘した。

〈20〉エティエンヌ・ド・ラ・ボエシ、西谷修監修、山上浩嗣訳『自発的隷従論』ちくま学芸文庫、二〇一三年、三四～三五頁。

〈21〉熊沢誠「第五章　日本的経営における働かせ方の論理」基礎経済科学研究所編、『日本型企業社会の構造』労働旬報社、一九九二年、二二七頁。

〈22〉熊沢誠「第五章　日本的経営における働かせ方の論理」基礎経済科学研究所編、『日本型企業社会の構造』労働旬報社、一九九二年、二二七～二二八頁。

〈23〉礫川全次『日本人はいつから働きすぎになったのか―〈勤勉〉の誕生』平凡社新書、二〇一四年、一四～一五頁。

〈24〉熊沢誠『能力主義と企業社会』岩波新書、一九九七年、九七～一〇一頁。

〈25〉安富歩・本條晴一郎『ハラスメントは連鎖する―「しつけ」「教育」という呪縛』光文社新書、二〇〇七年、一八四～一九六・二〇三～二〇四頁。

〈26〉安富歩・本條晴一郎『ハラスメントは連鎖する―「しつけ」「教育」という呪縛』光文社新書、二〇〇七年、一九五頁。

〈27〉安富歩・本條晴一郎『ハラスメントは連鎖する―「しつけ」「教育」という呪縛』光文社新書、二〇〇七年、一九六頁。

〈28〉ヴァルター・ベンヤミン、野村修編訳『暴力批判論他十篇　ベンヤミンの仕事1』岩波文庫、一九九四年、五九頁。

〈29〉アーヴィング・ゴッフマン、石黒毅訳『スティグマの社会学―烙印を押されたアイデンティティ』せりか書房、二〇〇三年、一三頁。

〈30〉和辻哲郎『倫理学』上巻、岩波書店、一九六五年、三一二～三一三頁。

〈31〉大野正和『過労死・過労自殺の心理と職場』青弓社、二〇〇三年、一〇二・一〇七頁。

〈32〉大野正和『過労死・過労自殺の心理と職場』青弓社、二〇〇三年、一〇七・一〇九頁。

〈33〉禁断の木の実を食べたイブが神の怒りを買い、アダムとともに楽園から追放されたという創世記神話をもつキリスト教では、人は生まれながらに罪を負っているとの考えから、これを原罪と呼んでいる。キリスト教信仰を基盤とする社会において、無から世界を創造した神は全知全能者として、現世を生きる人々に対して外部から働きかけ、生きる意味を与える存在と観念された。これは神について、先祖などと同様、人間世界に近くあって、現世の人々を守護するものと観念する日本の伝統的な神観念とは対照的といえる。

〈34〉見田宗介『新版　現代日本の精神構造』弘文堂、一九七四年、一五七頁。

〈35〉ジンメル、居安正訳『社会学』下巻、白水社、一九九四年、一九八頁。

〈36〉早川雅子「近世後期における民衆の孝道徳の源流をめぐって―『古文孝経孔子伝』と貝原益軒を中心に」『目白大学　人文学研究』第一〇号、二〇一四年、一頁。

〈37〉ジンメル、居安正訳『社会学』下巻、白水社、一九九四年、一九九・二〇一頁。

〈38〉ジンメル、居安正訳『社会学』下巻、白水社、一九九四年、一九九頁。

〈39〉内橋克人・奥村宏・佐高信『会社人間の終焉　シリーズ日本会社原論3』岩波書店、一九九四年、二二八～二二九頁。

〈40〉上西充子『呪いの言葉の解きかた』晶文社、二〇一九年、一六頁。

〈41〉上西充子『呪いの言葉の解きかた』晶文社、二〇一九年、三三頁。

〈42〉上西充子『呪いの言葉の解きかた』晶文社、二〇一九年、二二頁。

〈43〉山田陽子『働く人のための感情資本論——パワハラ・メンタルヘルス・ライフハックの社会学』青土社、二〇一九年、三九・四三頁。

V

「企業のヤスクニ」幻想からの覚醒

「企業のヤスクニ」幻想のはざまで

日本企業の中には、これまで論じてきた服従のメカニズムに加えて、企業に殉じて亡くなった者を「家族」へと組み込む擬制的な経営戦略を実践しているところもある。以下に述べるように、それは第Ⅱ章で扱った経営家族主義を具現化したものである。

トヨタ自動車では、一一月三日の創業記念日に合わせて、在職中に死亡した従業員たちを豊興神社（一九三九年創建）に祀り、遺族を招いて慰霊祭を執行している。（註1）また第Ⅱ章で詳述したように、グループとしての精神的支柱となる施設を有する同社では、そこを社員教育の拠点としていることから、直接「家族」という概念は用いずとも、強固な企業アイデンティティが醸成されていると考えられる。そうした意識はおそらく慰霊祭にも投影されているであろう。

これと似たケースが京都セラミック社にも見出される。一九七九年、京セラ創立二〇周年の記念行事の一環として、京都府八幡市の円福寺（臨済宗妙心寺派）に「京セラ従業員の墓」が建立された。慰霊室の銘板には、会社発展のために尽力して倒れた社員などの名が刻まれ、そこには「死して後までもパートナーとして一緒にいてほしい」という創業者・稲盛和夫の願いが込められているという。（註2）これは一九七三年以降に稲盛が着手した、「大家族主義」に基づく経営の延長線上に位置づけられる。

ただし稲盛自身が存命であるため、いまだ祖先祭祀化にまでは至っていない。だが、そこに見出されるコンセプトは、先に述べた擬制的家族化とも通底している。

稲盛は著書『京セラフィロソフィ』（サンマーク出版、二〇一四年）で、次のように説明する。〈註3〉

私たちは、人の喜びを自分の喜びとして感じ、苦楽を共にできる家族のような信頼関係を大切にしてきました。これが京セラの社員どうしのつながりの原点といえます。この家族のような関係は、お互いに感謝しあうという気持ち、お互いを思いやるという気持ちとなって、これが信じあえる仲間をつくり、仕事をしていく基盤となりました。家族のような関係ですから、仲間が仕事で困っているときには、理屈抜きで助けあえますし、プライベートなことでも親身になって話しあえます。

ところで、このような企業戦略は高度成長期創業の企業に限らず、一九八六年創業のワタミにおいても見受けられる。ワタミでは京セラのような慰霊施設こそもたないが、一九九三年以降、類似の擬制的家族化が企業戦略として採用されている。そこでは「家族」と並んで、「同志」という言葉が使われる。〈註4〉

会社経営も九年近くとなり、ようやくこの「ワタミは家族である」というイメージがカラーで描けるようになった気がする。全員があるがままの自分でいられ、緊張感なくつき合え、信じあっている。（中略）たとえケンカをしてもお互いの心の底には血を分けた家族のような信頼感がある。（中略）ルールとは「人の良心」であり、「その家の約束事」である。（中略）我々はこれから何十年とかけて、この家族の関係を構築していくのである。構築中にこそ、このルール遵守は大切だと思う。入社して定年退職するまで、まわりの社員と、「同志」と、この関係を一人ひとりが構築し続ける。

ここで前景化してくるのは、家族ではなく、「同志」である。では「同志」とは、企業の組織目標達成という志のほか、いかなる志を同じくし、かつそのように求められているのだろうか。家族とは、ワタミという会社のイメージであり、社内における関係性の比喩でしかない。そのような対外的な企業イメージと、社内の疑似家族的人間関係を成り立たせるために、社員一人一人が「同志」となるよう求められるのではないだろうか。しかも血縁関係という切っても切り離せない「家族」と違って、それは「定年退職するまで」という時限付きである。あるいは、途中で志を同じくできなくなった場合はどうなるのか。経営理念というルールに沿えない状態になる（または上からそう判断される）や、職場における「家族の関係」から放逐され、「同志」の資格はいとも簡単に剥ぎ取られ、昨日の友は今日の敵という殺伐たる状況に追いやられるだろう。一方、時をへてなお「同志」の関係が継続すれば、いずれ京セラのように墓等の施設が設置され、なんらかの死者儀礼が考案される可能性も考えられる。

では、トヨタや京セラに見られるような自社への貢献者を擬制的家族とみなし、これを祀り上げる行為はいつ頃から始まったのか。その嚆矢として挙げられるのが、北九州・八幡製鉄所で実施されてきた「殉職者慰霊」である。〈註5〉これは後述するように、特に戦後の高度成長期において、「安全活動」

と連動しながら形成されてきた。

殉職者慰霊の歴史的推移

八幡製鉄所は元官営ゆえに明確な創業者を持たなかった。そこで行なわれる慰霊行為では、創業家という個別具体的な「恩」の対象を戴く私企業に比して、「恩」の対象が曖昧な「原恩（おかげ）」的な色が濃いと考えられる。

製鉄所の「殉職者慰霊」の嚆矢は一九一六年の「招魂祭」にまで遡るが、三年後、構内で発生した大規模ストライキを機に、「アカ」（社会主義者）の排除を意図して行なわれるようになったという。一九二一年以降は、構外の広場の一角に「弔魂碑」と呼ばれる墓碑的モニュメントが建立され、この通称「大谷広場」と呼称される地を拠点に神職・僧侶が隔年交代で奉仕する「招魂祭」が執行されてきた。儀礼は遺族関係者や役職者たちを中心に、そこに死者の霊を招き降ろす形式で行なわれた。ことに神式では、福岡県内の三〇社が集まり、奉仕神職だけで六〇名を擁する盛大なものとなり、御霊《みたま》の前に供える神饌《しんせん》はトラックで運ばれ、供えるだけで丸三日を要したという。柱と呼ばれる死者の人数とともに、生前の働きぶりなどが製鉄所側から事前に伝えられ、神前で報告されていたという。他方、仏式では宗派の違いから統一が取れず、一体となって慰霊を行なう姿勢ではなかった。

戦後、労使協調体制が成立した昭和三〇年代後半から四〇年代になると、労組からも代表者による玉串奉典《たまぐしほうてん》への参加が認められるようになったが、個別の労働者たちは三交代勤務など煩雑な就業形態のため、個人的な参拝が許容されただけであった。

一九八二年になって、「招魂祭」における宗教色が問題視されるようになると、以後は宗教を伴わない形式の「慰霊祭」として実施されるようになった。これは創業時より製鉄所が開催してきた起業祭が、地域振興の一環として八幡市民の祭りへと変更される動きと軌を一にした現象であった。慰霊祭は総務課の職員を中心に執り行なわれ、エレクトーンによる奏楽と役職者・遺族関係者による献花のみという簡略化された形式となっている〈註6〉。

以上、簡略に八幡製鉄所における殉職者慰霊の変遷を紹介したが、その中で死者数の表記が「名」から「柱」に変更されたのは、殉職者が「英霊」と同一視されるようになった一九二七年以降のことであり、これを機に殉職を「戦死」と類比される語りが登場するようになる。さらに一九三九年以降、この意識は戦時増産体制下での殉職者の急増と相俟って、銃後の「産業戦士」としての像を結ぶに至る。同年刊行の社内報『くろかね』六〇一号（一二月一日）によれば、以下のような者が殉職者とみなされたという（傍点及びカッコ内・引用者）。

> 国家産業の第一線にあって働かれ、名誉の殉職をなされた尊い人柱（であり、それゆえ）殉職英霊を追慕し、その加護を願ふ。

かくして殉職者たちは、国事殉難者に列せられ、同時に官営企業の「祖先」としての地位をも与えられることになった。それは文化人類学のM・フォーテスの視点とも重なり合う。フォーテスは、祖先が死後も引き続き社会を構成する基本的な原理として重視される理由を、死者たちを神に等しい地位を与えられた先祖と見なす子孫たちの存在に見出そうとしている[註7]（傍点・引用者）。

厳密な意味で祖先祭祀が行われるためには、先祖たちの名が一人一人記憶される必要がある。（中略）祖先 ancestor とは死んだ祖 forbear であって、一定の系譜関係で結ばれた生存中の子孫を持つものと定義出来よう。祖先が死後もひき続き構造的に重要であることを示すのはこれら子孫の存在である。このような先祖が、しかるべき範囲の子孫から彼のため特に行われる宗教的奉仕や世話を受ける。

上記の見解を援用すれば、定期的な儀礼行為の対象となる殉職者とは、企業という営利追求のための目的合理的集団において、これを祀る「子孫」の存在を通して「先祖の身分」を与えられた死者である、と解釈することができよう。
また、フォーテスは次のようにも述べている[註8]（傍点・引用者）。

死者は、それ故、社会の存続、即ち彼が生前、属した社会が将来も存続し続けることに、深い関心を持つと考えられている。（中略）逆説的に聞こえるかもしれないが、祖先崇拝が、皮相的に考えられているように、過去に縛られているばかりでなく、未来志向性をもち得るのは、このためである。

この「未来志向性」という指摘はまさしく、殉職者慰霊にも該当する。つまり殉職者慰霊には過去を振り返るばかりでなく、そこには本来、営利目的の利益集団である企業の永続性を志向するという意味も内包されているからだ。中牧弘允《なかまきひろちか》は経営人類学の視点から、会社が建立した「会社供養塔」を中心に執行される祭祀行為を「追悼法要、慰霊祭」と規定し、それが大正期から昭和初期にかけて「在職の物故従業員の供養」を目的に登場したと述べ〈註9〉、また「会社の〝先祖〟や〝英霊〟は会社の墓に建立された供養塔にまつられ、会社の〝子孫〟から定期的な祭祀を受けている〈註10〉」と指摘する。加えて一九七〇年代以降、ことに「会社の将来の発展を合わせて祈願する」供養塔などが全国的に増加する傾向が見られるという〈註11〉。つまり殉職者慰霊には企業の永続性という「未来志向性」が内包されているのである。

このような死生観は後述するように、戦後、民営化された八幡製鉄所の殉職者慰霊にも継承された。ことに戦後復興の目途がようやく立ち始めた一九四九年以降、殉職を安全活動と関連付ける動きが認められる。つまり「先祖という身分」は、企業内でその遵守の励行が求められる「安全」と照合した結果、安全遵守したうえでの、いわば〈良い死〉と判断された死者たちに対してのみ付与されるようになった〈註12〉。これは合理化による労災激増と連動した現象と考えられる〈註13〉。

「労災」からこぼれ落ちた存在たち——数値のトリック、祟り伝承の口封じ

表2:八幡製鉄所における労働災害の推移

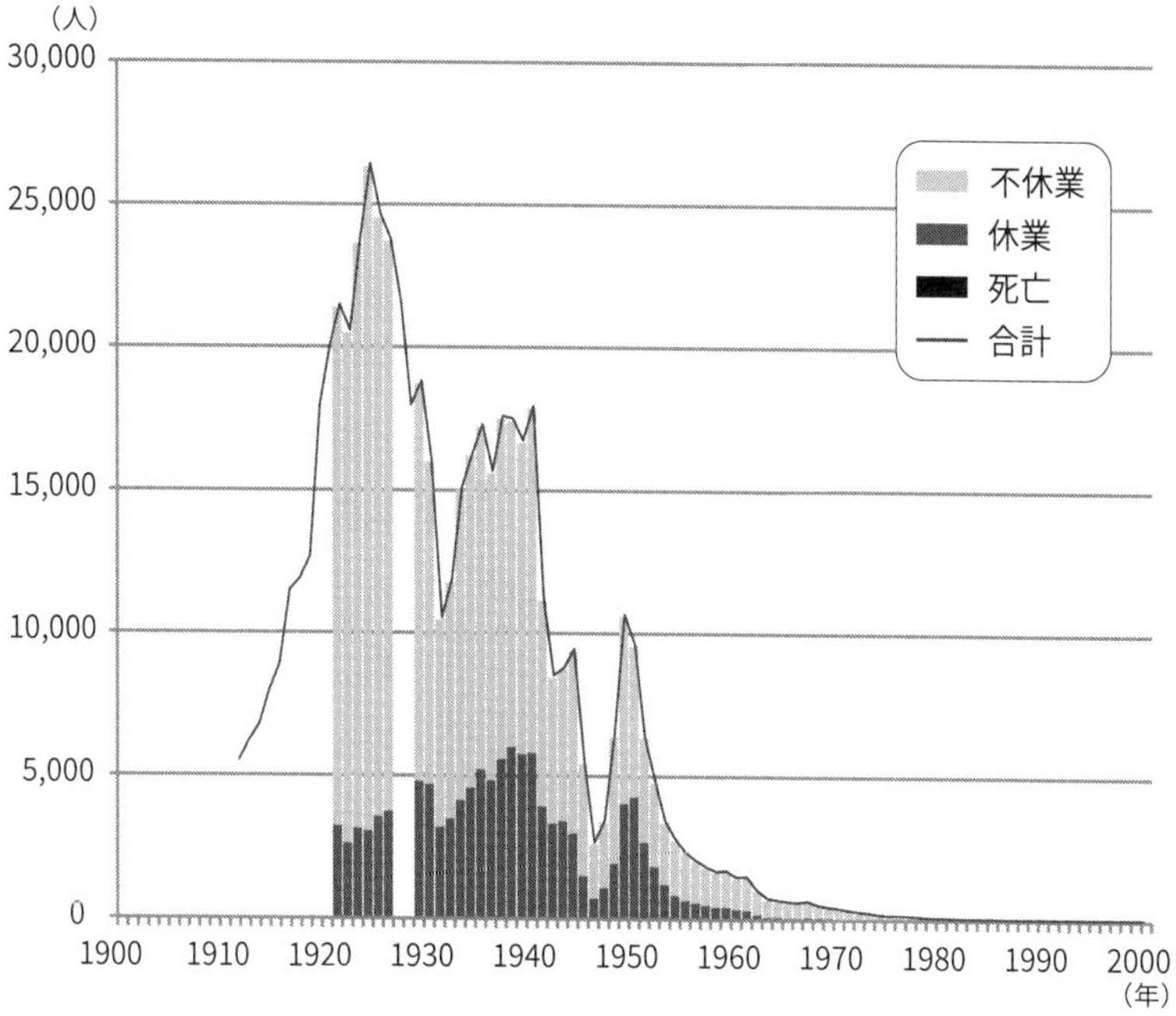

出典:新日本製鐵株式会社八幡製鐵所、2001『八幡製鐵所の百年　世紀をこえて CD-ROM資料編』より

労災について正式報告された数値を見ると、合理化以前の一九四九年、五〇年を境に判で押したように次第に減少傾向に転じたことが見て取れる（**【表2】**参照）。一方、休業災害、不休業災害がともに激減する中で、休業を要する程度ではないとされる不休業災害の比率が逆に増加傾向を示すという、奇妙な現象もうかがえる（次頁**【表3】**参照）。その背景には「無災害記録の更新」という企業の至上命題があり、同じ災害でも不休業災害でないと記録は更新されないことになっていた点が関与している。その結果、医者をも巻き込んで労災の程度を休

表3：高度経済成長期における労働災害による死傷者数の推移

年	労災死者数	休業者数	不休業者数（休業者比）	死傷者総数
1960	13	374	1054(2.8)	1441
1961	12	344	1112(3.2)	1468
1962	3	197	791(4.0)	991
1963	4	96	607(6.3)	707
1964	10	118	523(4.4)	651
1965	3	90	503(5.6)	596
1966	5	91	469(5.2)	565
1967	6	106	503(4.7)	615
1968	3	93	373(4.0)	469
1969	5	87	325(3.7)	417
1970	5	60	303(5.1)	368
1971	6	63	234(3.7)	303
1972	3	42	213(5.1)	258
1973	1	56	156(2.8)	213
1974	2	40	107(2.7)	149

出典：八幡製鐵所所史編さん実行委員会編『八幡製鐵所八十年史　資料編』〈1980年〉より著者作成

業災害から不休業災害にすり替えることが「安全」遵守のカモフラージュとして横行するようになったというのである。

八幡製鉄所の下請け会社に勤めていた深田俊祐は、企業が労働組合と医者を巻き込んで数値を操作するカラクリについて、以下のように語っている。〈註14〉

「手の皮をべらっと剥いで、その傷に砂が入って、こりゃあ手首を落とさにゃつまらん（〜しなければならない、の意）、と言われた患者を、現場の掛長と作業長が来て、入院しているのをとうとう連れて帰ったばい。主治医が誰の許可で連れて帰るのかというても、わしが責任持ついうて連れて帰って、その患者は、車で送り迎えすると言われたものの、ものの三日もせんうちに自分で歩いて会社へ通うたちばい。」そのことで組合は一応の調査に来たらしいが、そんな無茶をするんなら、もうわたしは治療せん、と現場の掛長らの乱暴さに腹を立てた主治医が、そんなことはありませんでした、と本当のことをいわなかった、という。

また、以下のような、昭和三〇年代における計算課従業員の労災の経験談がある。〈註15〉彼が病院に運ばれると間もなく、職場の安全委員と掛長が血相を変えて駆けつけてきた。診療が始まって手術の必要のないことが分かり、ほっとしたのもつかの間、彼らは次のような言葉を切り出した。

「どういう風に落ちてきたか。本人はどうしていたか、どのように倒れたか」そのときの状況が判明する。事故を証明するにはぜひ「切開が必要」だというのである。医者とひと悶着があった。

担当医は毅然とそれを撥ね退けた。しかし、そうした公正な立場を堅持する医者も昭和三〇年代後半以降、次第に姿を消し始めたという。企業と医者がグルになって労災が決定づけられる、そんなカラクリが実践可能な時代の幕開けを意味していた。

筆者が製鉄所ＯＢへの聞き取り調査の際、耳にした次に述べる同様の事情も、このような状況と関係していよう。

働かんで座ったままでもええから、ともかく出勤だけはしてくれ、と見舞いの大きなフルーツの包みを持ってきた掛長から頭を下げられしぶしぶ承知した。でも、そん時だけは会社の車で送り迎えされたんは嬉しいもんやった。そやけんど、腕のえらい痛みをこらえながら退勤時間までひたすら座り続けとったんはさすがにたまらんやった。

管見によれば、このような類の体験談は昭和四〇年代に集中している。いずれのケースでも、明らかに休業が必要な労災の状況を不休業災害にすり替えることへの反感は、会社の手配した「黒塗りの公用車」によって帳消しにされた。

こうした不休業災害へのすり替えは、下請けの労働者に対しても適用されていたという。製鉄所での勤務経験がある作家・佐木隆三は次のように証言する〈註16〉。

怪我をすると、やはり本工たちがそうであるように、なるべく有休災害にすまいと、職制たちは腐心する。だからかなり重い怪我でも無公休ということにして、出勤だけはしてくれと言われる。手や指に包帯をし、痛みをこらえて控室でただじっと退社時間を待つ男たちの姿は、ここでも例外なく見られる。

しかし、それでも救急車が出動するほどの重大事故は頻発していたようである。佐木によれば、「構内はある種の治外法権だから、救急車も会社専用のものしか走らない」というが、救急車の小旗が白色だったら本工で製鉄病院（製鉄所開業前年の一九〇〇年開所。かつて東洋一の設備を誇ったとされる製鉄所直属の病院）へ、赤色だったら下請けの社外工で町の病院へ運ばれる、といったように、暗然の差異化が行なわれていたらしい〈註17〉。いずれにせよ重要なことは、【表2】で示したように、できるだけ休業災害にすまいと会社側がいくら腐心しても、実際には救急車を要するほどの重傷者が出ていたという事実である。

そうした状況は企業に対していかなる斟酌もない純粋無垢な子どもの目には、どのように映っていたのだろうか。次に引用するのは、一九七二年当時、八幡に隣接する戸畑区所在の私立小・中・高等学校の文集に掲載された小学三年生児童の作文「きゅうきゅう車」からの一節である〈註18〉（傍点・引用者）。

「ウウーウウー。」

という耳にひびく音から、「ピーポー、ピーポー」というやさしい音にかわったきゅうきゅう車が、朝早くから夜おそくまで、わたしの家の前を、行ったり来たりする。ときには、夜中に通る車がある。家の近くに、きゅうきゅう病院が二つあり、せいてつ所があるので、よくじこがあるからだ。おとうさんは、「むかしは、こんなにきゅうきゅう車が、通ることがなかったのになあ。」とよく言う。

この作文が書かれた一九七二年は、【表3】に示したように、数字の上では労災による死者数が一気に半減以下に達し、休業者との比率において不休業者数が一時的な盛り返しを示す時期に当たる。

またオイルショックにともない「鉄冷え」と呼ばれる不況に突入する前年に当たる時期でもあり、合理化によって労働密度の高さや厳しさが極限に達していただろうことは想像に難くない。それを暗示するのが「昔はこんなではなかった」と困惑気味に語る父親の言葉であろう。つまり、この作文は意図せずして、製鉄所の提示する安全成績の数値からは見えにくい不休業災害のトリックを、鮮やかに暴き出しているのである。

また、合理化による災害激増の要因は、伝承という観点からも説明することが可能である。

八幡製鉄所においては、江戸時代より当地に伝わる祟り神伝承としての「お小夜狭吾七伝承〈註19〉」が、労災と関連付けて従業員たちの間で語られてきたが、一九五三年にその信仰拠点であった「和井田権現」が構内から排除され、労災を祟りとして語ること自体禁じられるようになった。こうして「お小夜狭吾七伝承」は祟り性を去勢され、悲恋の物語へと変容し語り継がれることになるのだが〈註20〉、時期的にみて、これは上記した安全活動に連動させての殉職者慰霊の変容とも重なっている。また、ここで祟り伝承を語る口が封じられたことは、休業災害相当の労災をこうむったにもかかわらず、「黒塗りの公用車」と引き換えに、被害者がその事実を語ることを封じ、不休業災害として処理する数字のトリックの中に埋め込んでしまうことと同義であろう。

一方、「和井田権現」という前近代的な神の追放とほぼ同時並行的に、「安全」遵守を軸とする労災死者たちに対する新たな信仰拠点作りが進行した。それが以下に述べる製鉄寺と高見神社である。

製鉄寺／高見神社と殉職者慰霊

製鉄寺（北九州市八幡東区高見所在）は一九二七年に設立され、殉職者の霊を積極的に慰撫するための管理施設として、専従の住職を抱えている。だが実際のところ、その正確な来歴は不明である。一説には、昭和初年度に、僧籍にある製鉄所の技術研究所職員が設立した「歴代長官、採炭殉難者」など、個人的な法要を営む法人施設「法灯会弘安精舎」が初見とされるが、これは戦後の混乱で一時的に消滅している。だが、その後の労災の激増により、僧侶資格を有する総務課職員が、製鉄所の依頼で一九四九年頃に供養を再開したとされる。（註21）

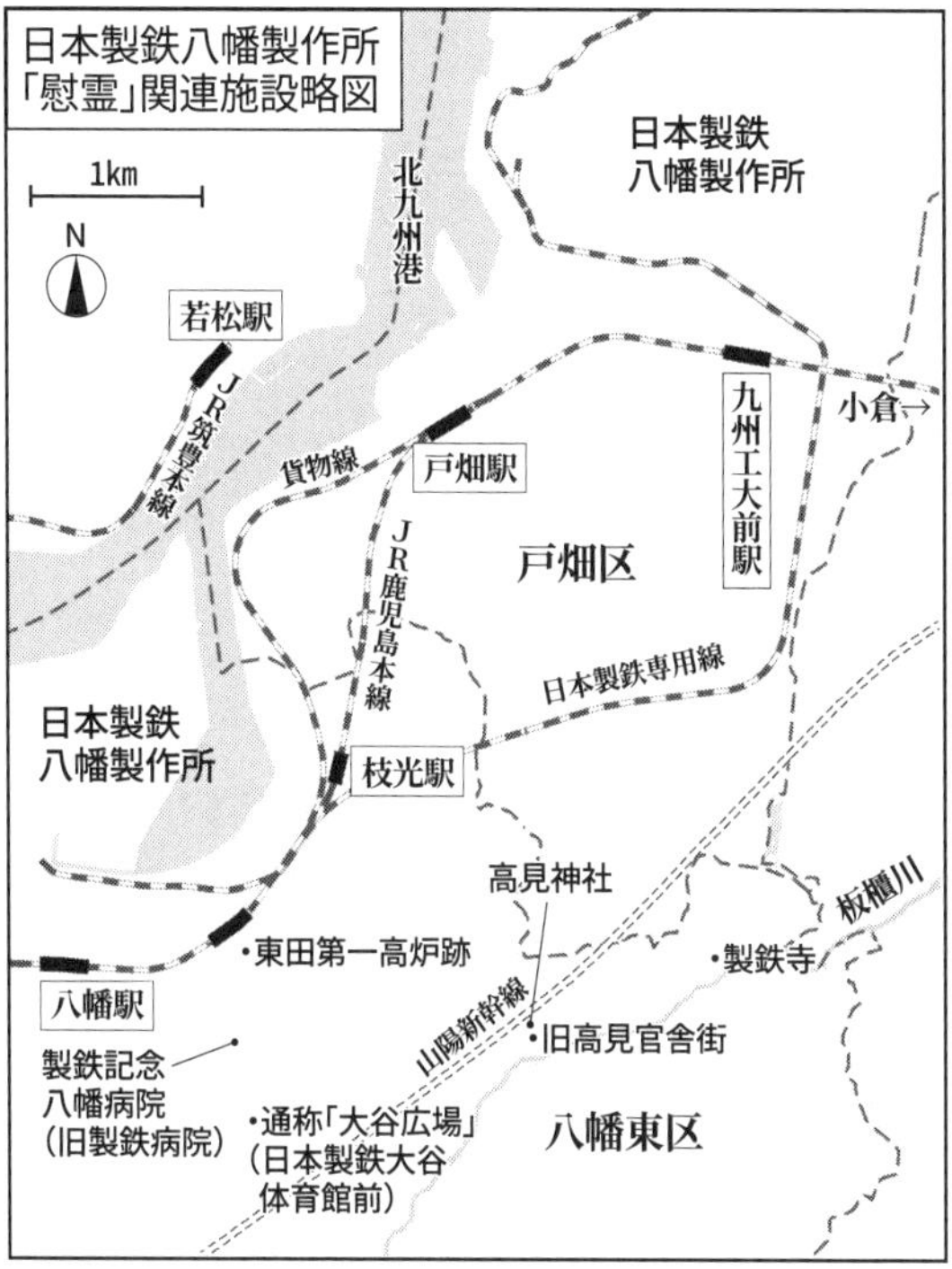

住職が製鉄所の従業員の中でも元職員（総務課）であることから、殉職者は社内秩序とパラレルな管理体制下で、死してなお学歴エリートの管理下に置かれてきたこと

になる。各工場レベルでの殉職者慰霊は、元職員が住職＝祭祀者として生者と死者を媒介する製鉄寺で行なわれるようになった。そこへと至るプロセスは、殉職者慰霊が「安全」活動と結び付けて語られるようになるのと軌を一にする。つまり総務課を中心に行なわれる儀礼に依拠して、「安全」の物語が構築されるようになったのである。

当時の社内報『くろがね』（九四四号、一九四九年三月一八日）には、殉職者慰霊に関する以下のような記述がみられる。

「各工場自主的に厳修することが流行」

このように殉職者慰霊を「厳修する」という宗教的行為が「各工場自主的に」なされることで、日常的な労働の現場で「安全」遵守が動機づけられていたのである。そこに生者と死者の媒介者として製鉄寺の元エリート職員がかかわってきた点に、死者をも取り込んでの永続的な組織統合をめざす企業側の戦略性が見出される。

その後、災害件数は減少したが、一度に大量の死傷者を出す深刻な重大災害が続発したことから、一九六八年、社長（当時）の発案で製鉄寺は法人資格を取得し、「日本山製鉄寺」として新造されることとなった。こうして法要を行なう主体が「各工場自主的に」から「企業」による定期的かつ永続的な形式へと格上げされ、労災死者が出るたびに企業主催の葬儀が執り行なわれ、死者の戒名を刻んだ位牌と過去帳が保管されるようになった。また、命日には住職の読経による供養が続けられているという。

これは会社に縁のある死者を祀る、いわば「会社寺」の出現を意味している。そこでは事故死した従業員たち一人ひとりに対し、「安全」を遵守した結果の〈良い死〉の証として企業公認の「祖先」の資格が付与される。これは裏返せば、死後の霊魂すらも企業に管理される体制である。つまり製鉄所の日常における人間関係が、死後も引き続き維持される形式での信仰拠点が構築されたのである。こうして労災死者に対する慰霊行為は、製鉄寺での法要を通して公認された「殉職者」たちを対象に、その魂魄を企業の祖先としてのみ記憶させ、想起させるという営みに接合されたと考えられる。

一方の高見神社（北九州市八幡東区高見所在）はどうであろうか。その創建の経緯は以下のとおりである。

一九三三年、製鉄合理化の波から八幡製鉄所を中心に日本製鉄株式会社が設立され、そこに皇太子誕生という慶事が重なったことを記念して、豊山八幡宮（祭神、八幡大神）の末社として祀られていた高見神社を、官舎街となっていた高見の山上に移転する計画がにわかに持ち上がる。高見神社は元来、尾倉字高見の地に鎮座していたが、製鉄所の建造によってそこが工場敷地内に接収されたため、一八九八年、近隣の豊山八幡宮の末社として移転を余儀なくされていた。それが再び高見の地に戻されることになり、翌年には製鉄所直属の神社として古事記に由来する一二の神々を主祭神として祀る「高見神社」の創建が決定された。一九三五年に着工し、八年余りかけて完工した。

興味深いのは高見神社の祭神の属性で、製鉄業に付き物の金屋子神《かなやこがみ》などの鍛冶神の神格が見当たらないのである。製鉄所の建造とその後の拡張工事によって、各地に分散されていた祭神も加え、総計一九にのぼる祭神が集められ、氏神として祀られることになっただけである。

高見神社はひな壇のように階層別に構成された官舎街、それもエリート職員たちの居住部の最上部に立地していた。信徒総代代表を務めてきたのは代々、総務部の部長である。こうした神格の権威付けには製鉄所における権力関係がそのまま反映されており、住民の日常生活を上から睥睨《へいげい》し、監視する企業守護神の視線を思わせる。そこに読み取れる企業の恣意性は、創建当時、信徒総代を務めた人の手記からも察せられる（社内報『くろかね』一九三四年七月一一日、傍点及びカッコ内・引用者）。

神社は実は製鉄神社と云ひたい処であるが、神社の社名は神社法規上軽々に変更することを許されぬので高見神社と決まったわけで、特に此の際申し上げておきたいことは本神社は単なる高見町一帯の地域のみの神社でなく、広い本所（八幡製鉄所）の守護神として奉斎するわけで、構内（八幡製鉄所構内）に好適の場所がないので、構外に地を選んだのが偶然高見町の接していると云ふに止まるので、この点誤解なき様はっきり申し上げておく。

その後、高見神社への「無事故祈願」は製鉄所の慣習として定着し、それは現在に至るまで継続されている。この新たな神社および祭神の出現という事態を、従業員たちはどのように受け止めたのだろうか。結論から言えば、高見神社の造営は、従業員たちに大変な負担を強いる結果となった。手弁当での奉仕ばかりか、各自、日給の半日分の供出が強いられた。無償での勤労奉仕に加え、汗して手にした給料の半分を搾取される気持ちはいかばかりであったことか。ある者は上司に反抗し、またある者は二重の義務に疲弊し、それがかえって怪我人を続出させる事態を招いたという。「無事故祈願」

のために造った高見神社であったが、高見のエリート官舎街には縁のない従業員たちの中には苦しみの元でしかなく、受け容れ難しと感じた者もいたようだ。

ところが戦後、特に高度成長を迎えた昭和三〇年代以降、労働省の主導で第二次合理化が断行され、生産能率をめぐって「安全競争」が本格化すると、無事故祈願の「安全祈願祭」はにわかに活況を呈するようになる。それまで年頭にのみ行なわれていた「新年産業安全祈願祭」が、事故が急増する夏季にも「全国安全衛生週間夏期安全祈願祭」として執行されるようになった。宮司によれば、年間の祈願祭は代表者だけで境内が埋め尽くされるほどの壮観さだったという。

参列者は大半が正装で、各作業部署や社名を記した襷や「無災害」と書かれたゼッケンを着け、拝殿での儀式に臨む。祈願終了後に渡される「霊験無限・神助自守」と記された「高見神社修祓　息災安全護符」は、各職場に持ち帰り、各人に配布されたという。護符の最後には「一般心得」や「安全作業の要点」といった項目があり、前者には「安全帽、安全靴で身を護る」「作業中、歩行中のくわえタバコをやめる」、後者には「危険な通路を通らない」「つまずいて転倒が多いから足元に注意する」などの戒めが記されていた。

同時期の製鉄所では「製鉄一家」「マルS（Sはsteelの頭文字）一家」などの言葉が喧伝され、他企業よりも格段に充実した各種保険制度の恩恵に浴し、社員たちは「マルS」の一員としての矜持を強く抱いていた。その意味からすれば、彼らにとって製鉄寺はいわば菩提寺、高見神社は氏神と位置付けられる。これらの宗教施設は企業城下町に居住する社員とその家族たちを製鉄一家、マルS一家として統合させる、ある種の文化装置として機能してきたといえるだろう。

殉職者慰霊の現在

殉職者慰霊は、製鉄寺と高見神社からほど近い大谷地区で毎年執行される（本書二二三頁地図参照）。繰り返しになるが、そこで対象となるのは、製鉄寺での儀礼過程をへることで〈良い死〉、すなわち会社・企業側から見て、安全を遵守した末の死として公認された死者たちである。殉職者慰霊は、残された家族や同僚たちの間で集合的な記憶として昇華された死者たちを対象に、追悼儀礼として執行されてきた。その萌芽は戦前から見られたが、高度成長の過程で、ことに安全活動が一応の完成を見る昭和四〇年代以降、経営戦略としての「安全」との関連性から「子孫への守護」という点が積極的に強調されるようになる。それは社内報『くろがね』（一五三八号、一九六六年一一月二五日）の記述からもうかがえる（傍点及びカッコ内・引用者）。

職場に倒れた人々の尊い教えをムダにせぬよう、無災害、無事故を誓い合（う）。

つまり「『安全』遵守という教訓を与える死者像」が登場したのである。死者と生者の関係性は、事故から得た教訓を語ることにおいては死者からの一方的な訓戒のように映るが、この段階では、いまだ双方の意思は事故抑止という共通目的の相互確認、または誓い合いに留まっている点が興味深い。だが七〇年代に入るとこうした傾向はさらに深化し、死者自身が「安全の守護者」となる殉職者像が定着していく。殉職が〈良い死〉として企業利害へと回収されるにつれ、死者と生者の立場はもはや対等ではなくなり、死者は生者に教訓を授ける守護者となり、生者はそれを恩寵《おんちょう》として受けとり安全遵守を誓うことで、守護されるべき存在として秩序づけられる。

以上に述べたような殉職者慰霊の性格は、現行の「殉職者慰霊祭」にも継承されている。招魂祭から慰霊祭への転換は儀礼形式の変更という点に示される。供養塔に象徴されていた死者の集合性・匿名性は、八幡製鉄所の場合、八〇年代以降、祭壇上の「殉職者之霊」と記された巨大なモニュメントに代替されるようになった。企業と殉職者を結び付ける装置であるこの「殉職者之霊」は「神霊の常置」を暗示し、弔意を捧げる生者は神職・僧侶という媒介者なしに死者との接触が可能となった。慰霊祭に切り替わった一九八二年、「殉職者之霊」は製鉄寺の住職によって御霊入れを施された。関係者一同はこれを、製鉄一家の「集合的な位牌」のようなものとして了解しているという。

すなわち、殉職者慰霊祭とは、企業の内から外へ、さらには無宗教形式へと一般化されるとともに、「殉職者之霊」という集合的位牌のもとに個別性を無化され、匿名化された殉職者たちを対象とした儀礼のことをいう。

それでは現在、殉職者慰霊祭の席上で、生者と死者の関係性は具体的にいかなる言葉で語られているのだろうか。二〇〇一年の調査で耳にした八幡製鉄所所長や労働組合長による「慰霊のことば」を手掛かりに検討してみたい。そこには前出の『くろがね』に見出された語り以来の、ある一貫した共通性がうかがえる。

a．所長

八幡製鉄所を構築する上で最優先となるのは「安全」であり、この「安全」確保こそ殉職者の皆様から託された厳重な課題であると同時に私どもの悲願でもあります。（中略）殉職者の皆様の尊いご教訓を今後に生かし、かつまたご遺族のお心を私どもの血潮として一丸となり、「安全」確保に向け邁進することをここに改めてお誓い申し上げる次第であります。

b．組合長

昨年の慰霊祭において私たち労働組合は何としても「安全の八幡」を取り戻すため、「安全」活動を強力に推進していくことをお誓い申し上げ、以降労使一丸となって無災害職場の確立に向けた取り組みを進めてまいりました。（中略）私たちは殉職された皆様の尊い教訓を謙虚に学び「安全の八幡」の再構築に向け、「安全協議会」とも連携をとり、全ての職場が一体となった「安全」活動を強力に推進していく決意でございます。

第一に、死をもって「安全」という「ご教訓」を与える死者と、「安全」を「お誓い申し上げる」生者との権力関係という点である。そこには「安全」理念に殉じた死者というモチーフと、災害に対する「安全の守護者」としての殉職者像がうかがえる。ちなみに「慰霊のことば」は総務課で作成され、当初から内容にほとんど変化がみられず、儀礼は定型化されているという。実際、職員たちは、殉職の経緯の調査結果を労働省（現、厚生労働省）に提出するための現認証[註22]の作成を通じてしか、末端労働者たちとの接点を持っていない。いいかえれば、殉職者とは組織の末端で物言わず逝った者たちであり、「慰霊のことば」が語る「ご教訓」なるものは一つの虚構に過ぎないのである。

第二に、生者から死者への「誓い」の内容が、あたかも「自分たちの生命が今日も存在可能なのは、命を賭して『安全』の尊さを示してくれた殉職者のおかげ」といったように、眼前の「殉職者之霊」に語りかけられる点である。殉職者が命がけで体現してくれた「安全」を教訓として学び生かすという姿勢には、前章で述べた「原恩（おかげ）」意識が反映されているといえよう。すなわち、それは生者と死者の対話的関係（＝連続性）に根底を置いており、そこに殉職者慰霊の祖先祭祀としての意識基盤が見出せる。このことは、「『先祖』の存在を認める社会では、現在の秩序の根源を過去に求め、しかもそれゆえに過去に債務を感じている」とする文化人類学の田中真砂子の指摘とも合致する。〈註23〉

このように「安全」遵守という基準を介し、労使双方から〈良い死〉と「現認」された殉職者たちは、会社の祖先に昇格されることで、生者に向けて賜物《たまもの》としての「ご教訓」を与える存在と化した。一方、生者たちはそこに原恩（おかげ）を感じ取り、死者に対する無限債務の思いを、殉職者慰霊を通じた「誓い」として、年ごとに再確認していくこととなったのである。かくして殉職者は八幡製鉄所という企業の祖先と化し、子孫である全社員に対して、賜物としての「安全」の教訓を与える製鉄一家の守護神として再生することとなった。

以上、八幡製鉄所のケースでは、まず製鉄寺で死者選別を行ない、その後、殉職者慰霊祭で死者たちを慰撫するという二段構えの儀礼行為が行なわれてきた。一方、労災による死者を「殉職者」として権威づける、いわば顕彰のための装置として、安全守護の高見神社が並立していた。つまり殉職者慰霊祭とは、製鉄寺と高見神社が慰霊と顕彰の役割を相互に補い合う中で成立する儀礼であり、その二段構えの儀礼を通じて殉職者たちは八幡製鉄所という企業の祖先となる。したがって殉職者慰霊祭とは、組織としての企業を強化する意図で編み出された、一つの文化的な装置と捉えることができるだろう〈註24〉。

八幡製鉄ほど構造化されていないとはいえ、トヨタや京セラのケースでも殉職者を家族化する儀礼が見出され、またバブル期創業のワタミといった歴史が比較的浅い企業においても、儀礼化までには至らないものの、観念上の擬制的家族化が図られていることに注目したい。殉職者という存在を会社に貢献した者として、擬制的家族に組み込み、積極的に祀り上げていくという姿勢は、企業戦略としてある程度普遍化された現象とみなすことができる。

そうした「擬制的家族化」戦略は、定年後も継続される。製鉄所では年満（一般にいう定年を意味する八幡製鉄所特有の名称。一九〇一〜二〇〇三年六月までは五五歳定年となっていた）まで勤め上げた退職者たちに対し、式典を催し、その場で所長から、賞状と一緒に大判の記念写真帳が授与されたという。

筆者の手元にある記念写真帳をめくると、それは三二ページよりなり、うち二二ページまでは会社を取り巻く地域の全景、重役連の顔写真、社屋、工場施設、福利施設で構成される。しかし、そこには卒業アルバムのような、同期たちの顔写真や、就業風景、サークル活動など社内生活の様子、運動会や慰安旅行といった会社行事にまつわる思い出のスナップ写真は含まれず、残りのページは空白のままになっている。

記念写真帳を筆者に見せてくれた退職者によれば、「退職後も製鉄マンであったことを誇りに、その思い出を紡いでいって欲しい」という暖かい激励の言葉とともに手渡されたという。あえて未完の写真帳が渡されることの意味を、どのように考えればよいであろうか。それは職場ですごした一人一人の物語は等閑に付しながら、死に至るまで、製鉄所という擬制化された家族の一員であり続けることへの期待ではないだろうか。記念写真帳を会社が従業員たちに押し付けた記憶装置とすれば、そこで期待される個人の物語とは企業での生を全うし、これから先も「生ける祖先」としての生を全うすることである。これは製鉄一家の擬制的な血縁関係へと結実される、いわば殉職者慰霊と並行する関係にあると解釈されよう。

先述したように、慰霊祭において祀られる対象は、殉職者個人の霊を招き降ろすことに儀礼の焦点が当てられる招魂祭とは異なり、「殉職者之霊」に表象される集合的記憶としての死者たちである。また、儀礼内容の面でも教訓としての「慰霊のことば」と献花のみといった極めて簡素化・定型化した構成となっている。慰霊祭では、被災の記憶がいまだ生々しく残る遺族たちを例外として、個別性を抜き去られた死者たちが対象となる。この点を考慮すると、儀礼が私的情緒に基づく〈追慕・記念〉から、規範により集団的に規定された〈祖先祭祀〉へと構造化された局面として[註25]、解釈することができるだろう。つまり、慰霊祭はもはや個別の死者を悼み、慰撫する消極的な悲しみの場としてだけではなく、生者の語る「安全の八幡」の復権という理想的企業像を通じて「祖先」たちの偉業を思い起こし、これを積極的に顕彰する場ともなっている。そこには靖国信仰をめぐって哲学者の高橋哲哉が見出した、戦死者祭祀に投影される「感情の錬金術[註26]」（傍点・引用者）に類似したものが作用していると考えられる。

> 遺族の不満をなだめ、家族を戦争に動員した国家に間違っても不満の矛先が向かないようにしなければならないし、何よりも、戦死者が顕彰され、遺族がそれを喜ぶことによって、他の国民が自ら進んで国家のために命を捧げようと希望することになることが必要なのだ。（中略）すなわち、莫大な国費を投入しても全国各地から遺族を東京に招待し、「お国」と「お天子様」とがいかにありがたい存在であるかを知らしめ、最高の「感激」を持って地元に帰るようにしなければならない。これこそ、靖国信仰を成立させる「感情の錬金術」にほかならない。

殉職者慰霊祭においては、靖国のように国家意識とまではいかないまでも、遺族感情を逆立てることはおろか、逆に生者たちを企業目標に向けて邁進させる効果が認められる。そこでは、個人という存在を抜き去る祖先化というフィクションと、所長など生者を代表する人々によって死者たちの事績が、会場に流れる荘厳なエレクトーンの奏楽とともに醸される神聖な雰囲気の中で語られる。莫大な運営費を投じて「ありがたさ、もったいなさ」という「恩」が演出され、そうした中で労災死者への顕彰行為がなされることで、企業に対する遺族たちの不満をなだめるのにある程度効を奏していると考えられる。また、代表者の口を通して語られる祖先たちが残した教訓は、そこで働く生者たちが企業に対して成し遂げるべき未来像をも示唆しており、従業員たちのやりがいを引き出す効果にもなっている。

　以上、八幡製鉄所の事例から、死者選別を通じた祖先化とこれによる慰霊・顕彰のシステムの存在が浮かび上がってきた。もちろん、これは長い歳月をかけて構造化されたもので、全ての日本企業に一般化することはできないだろう。しかし前出の京セラ、トヨタやワタミなどに見られるように、日本企業の組織化における「家族」幻想は多かれ少なかれ同根ではないだろうか。製鉄所は「鉄は国家なり」というスローガンのもと、戦前・戦中から戦後に至るまで、その擬制的家族システムが家族国家観と並行する関係にあったと考えられる。企業が従業員の意思統一を図る上で「家族」幻想をかき立てる言説を用い、擬制的家族システムを戦略的に援用している場合、本書ではこれを「企業のヤスクニ」と呼ぶことにしたい[註27]。

　すでに筆者は、会社（組織）によって過労死・過労自殺に追い込まれた当事者（従業員）が自ら死を選択する仕掛けとして「恥」を論じ（第Ⅲ章）、次に「生の負債化」という観点に立ち、恥から服従へと至るメカニズムについて論及した（第Ⅳ章）。これもまた企業のために人を動員し、甚だしくは死に至らせかねない危険な求心性をはらんでおり、「企業のヤスクニ」としての性格を内包しているといえる。つまり、第Ⅲ章と第Ⅳ章で取り上げた過労死・過労自殺も、「企業のヤスクニ」システムの発動に付随して引き起こされたとはいえないだろうか。次節ではそうした前提に立ちながら、「企業のヤスクニ」システムが当事者たちにいかなる作用をもたらしたかを、彼らの残した言葉を手掛かりに検討したい。

言葉に投影される死者／生者の思い

「企業のヤスクニ」システムに呪縛された言葉

長時間労働やパワハラなどによる脳・心臓疾患やうつ病などの精神疾患を患った果てに亡くなるという意味で、過労死も過労自殺もその死の意味に軽重はない。どちらの場合も死者の言葉が、国や企業を相手取っての労災認定という困難な目標に向けて、遺族たちを生かす原動力となる。しかし過労自殺と違って、過労死ではほとんどの場合、別れの言葉なく突然逝ってしまうため、遺族たちには、死の直前の言動から死者の思いをすくい取るしか手がかりが見出せない。

以下に引用するのは、過労死者の妻が詠んだ詩「明けない夜をください」（京都市右京区　中嶌清美　四一歳）である。〈註28〉

明けない夜をください
ゆっくり眠るための夜

ごろっと寝ころんで
野球のナイターを見る夜

明けない夜をください
父さんとワープロで遊ぶ夜
父さんのおなかにのって
トトロごっこをする夜

明けない夜をください
おふろの水もれ、バーゲンで買った子どもの服、家計のやりくり……
夫婦の会話をかわす夜
時間を止めて
二人で愛しあう夜

明けない夜をください
心筋梗塞を起こした夜
事務長になって四カ月目の夜
過労死

明けない夜をください
夫のために
子どものために
妻のために

一九九〇年に心筋梗塞で亡くなった死者（享年四二歳）の四十九日の頃に書かれたというこの詩からは、愛する夫であり子どもの父を急に失った喪失感と、深い悲しみが癒えないまま、うつろになった心の内側に潜むやり場のない怒りをどこにもぶつけようがなく、煩悶する様子が目に見えるようである。日本の慣行では、四十九日といえば死者の魂は生者に見送られ、家から彼岸へとゆっくりと遊離し始める時期である。しかし、この詩からは、死者の魂の安らぎの姿は見出しえない。死者本人が何のメッセージも残さず逝ってしまったので、遺族たちは労災認定闘争に明け暮れる中、いまだ進むべき方向に迷い、死者とともにある「明けない夜」という時間から抜け出すことができないのである。

次に、残業中に亡くなったトヨタの社員（享年三〇歳、二〇〇二年）に対して、同僚たち（トヨタ車体労働者うたう会）が残した歌「ライトを灯けて帰りたかった」の詩を引用する。〈註29〉

一、あれもこれもとやらされた
いつもノルマがのしかかる

夜勤の定時は夜一時
帰宅は朝の六時半
ライトを灯けて帰りたかった
ライトを灯けて帰りたかった

二、あれもこれもとやらされた
いつもノルマがのしかかる
仕事でミスがみつかれば
よびつけられてどなられて
何度もあやまりストレスたまる
何度もあやまりストレスたまる

三、小さい娘と赤児の坊や
愛する妻を残していった
くやしいくやしい胸のうち
悲しい悲しいこのおもい
働く仲間に伝えて行こう
働く仲間に伝えて行こう

生前より彼は「ライトを灯けて帰りたい」と同僚たちに漏らしていたという。トヨタの工場の勤務体系は二交代制で、六時二五分から一五時一五分が早出、一六時一〇分から一時までが遅出となっており、彼が亡くなったのは夜番の時であった。この勤務体系なら、通常は夜番でも深夜二時頃には退社できるはずだったが、彼の職場では長時間残業が常態化しており、連日、夜が明けてからの退社となっていた。それゆえライトが点けられる夜明け前に帰宅したいというのが彼の念願であり、同僚たちも同じ思いを抱いていたという。この歌は、彼の叶わなかった願いをすくい取るべく作られた。なお、彼の過労死をめぐる裁判は二〇〇七年、労災認定を勝ち取る形で決着がついている。

一方、過労自殺の場合は、死に向かう意思や感覚がメッセージとして遺書や日記、あるいは近年はブログやツイッター等での「呟き」として残されている。とりわけSNSでリツイートを重ねる死者たちの言葉には、残された人々を突き動かす生々しい力がある。

そこで本節では、過労自殺を対象とし、死にゆく者の言葉が悲しみの渦中にある生者たち（遺族関係者）のグリーフワーク（喪の仕事）にどう投影されるか、その後の生き方にどう作用するのかを、残された言葉を手がかりに検討していくことにする。なお、遺書の文面に「もう疲れてしまった」、「悪いのは自分だ」などと記されている場合、それはうつ病エピソードとされる活力の減退による易《い》疲労感《ひろうかん》（いつもの仕事や作業を続けるのが困難になったりするように通常よりも疲れ易い体質となっている状態を指す）の増大や、自己評価と自信の低下、さらに罪責感と無価値感などを表わすとされることから、直ちに「覚悟の自殺」と決めつけることはできないという〈註30〉。

過労自殺を「会社本位的自殺〈註31〉」と捉えたのは弁護士の川人博であるが、弁護士という仕事は、遺族たちとの相互作用を通して代弁すべき意思形成の役割を担っている。弁護士という存在は、いいかえれば「重要な他者」と捉えられる。川人が過労自殺を「会社本位的」と捉えるのは、自殺者たちの死因の背後に、「ONE TEAM」など美名のもとに語られる和気あいあいとした仲間のような関係を標榜する会社の中に、社員を死に追い詰める構造悪が内包されることを看破したからである。そのことは自殺者たちの語りに見出される。

以下、川人の著書に取り上げられた遺書の内容からは、自分を死に追い詰めたことへの非難を会社に集中させるのではなく、むしろ実際は予想に反した答えを出していることがうかがえる。[註32] たとえば、一九九四年に自殺を遂げた会社員（享年三九歳）は次のような言葉を遺している[註33]（傍点・引用者）。

> 私が行方不明になっているとの連絡が会社から有ったと思います。
> この一〇ヶ月間は精神的、肉体的に大変疲れました。（中略）もう何もヤル気の出ない状態です。会社の仕事は放らかしで、会社の人々には大変な心配、迷惑をかけているのですから、会社のことは恨まないで下さい。／残っている人々には申し訳ありませんが、もう全て放り出してしまえば何も疲れることはありません。

また、自殺者による異議申し立ては、社内での職位に規定されるものでもないようだ。それは「課長の遺書」と題された二つの文章からうかがい知れよう[註34]（傍点・引用者）。

部長殿　だらしない部下をもって本当に申し訳なく思っております。期待にこたえるべくガンバリましたが、力及ばずの結果となってしまいました。この上は、命にかえておわび申し上げますと共に、社長はじめ人事部、会社の方、組合の方々、関係先の皆さんに深くおわび申し上げます。大変な時期にこんなことになり真に申し訳ございません。／会社に対し多大な迷惑をかける事とわかっていても、今はこれしかありません。どうかお許し下さい。○○さん、△△さん、××さん、本当に申し訳けございません。どうかお許し下さい。許して下さい。

また、二〇〇三年に起きた製薬会社での過労自殺（享年三四歳）では、次のような遺書が残されている〈註35〉（傍点・引用者）。

X様　身勝手な事してすみません。色々悩みましたが、自殺という結果を選びました。仕事の上で悩んでいました。（中略）最近の出来事を考えると、自分の努力とやる気が足りないのだと、痛切に感じました。係長には、「お前は会社をクイモノにしている、給料泥棒！（引用者注：ここの傍点は原文のママ）」と言われました。このままだと本当にみんなに迷惑かけっぱなしになってしまいます。また、これからどうするかとも考えましたが、どうしていいかわからなくなりましたし、その元気もなくなりました。（中略）所長の期待を裏切ってすみません。またこの忙しい時期に勝手なことをして本当にごめんなさい。本当にご迷惑おかけしました。申し訳ありませんでした。

過労自殺者たちはいつ果てるとも知れない長時間労働、いつ止むとも知れないパワハラの嵐に悩み、耐え抜いたあげく、ある日ぷっつりと緊張の糸が解けて、ふと苦しみあえいでいる自分に気付き、その苦しみから解放する手段として死を選んでいる。そして皆一様に自分が死んだ後の仕事の行方ばかりを案じ、どうにもできない自分をもどかしく思い、深い罪悪感を抱きながら亡くなっているかのようである。自分を酷使した企業を非難するどころか、むしろ思い通りにこなせなかった自分に原因を投げ返しているのである。このように罪悪感ゆえに「諦念」の感情を吐露しながら自殺を図るというあり方は、過労自殺者特有の性格を物語るものであろうか。

次に、第Ⅳ章で触れたように、失われた一〇年、または二〇年の成長改革路線において登場したのが、「ブラック企業問題」などに投影される若年労働者に対する見返り無き企業本位の労働強化であった。そこで以下に、若年労働者の過労自殺のケースを見ていくことにしたい。彼らは死に際してどのような言葉を残したのであろうか。

川人は、自殺の時期は不詳だが、あるメーカーで品質管理の責任者であった若者の遺書を取り上げている〈註36〉。その人物は若い仲間内で早くから技師に昇格し、その働きぶりからたびたび社内賞を受賞するほどだった。ところがある日、彼は会社に「ノイローゼ」を訴え、カウンセリングを受診したい旨を申し出る。しかし、会社からそれを拒否されたのみならず、逆に「ノーローゼなんていうのは、精神的に甘えている。プラス思考で考えよ」という冷たい答えが返ってきた。そこで、「少し仕事を楽にして欲しい」と懇願したところ、「夜中まで残っているから能率が悪いんだ。朝早く来て仕事をしろ」と言われた。だが、そのような冷酷な仕打ちにもかかわらず、彼の遺書には会社に対する恨み言の一つも残されていなかった（傍点・引用者）。

お母さんへ／　先立つ不孝をお許し下さい。／とにかく疲れました。仕事をしようとすると気力がでてきません。／自分自身でもこんな自分が情けなくてしょうがありません。／今年の正月位から精神的に非常に不安定な日々が続いています。／夜も良く眠れません。会社に行って立っているだけでものすごく疲れます。納得いく仕事ができません。／しかしそんな状態でも決して仕事が減る訳ではありません。／仕事は溜る一方です。／こんな状態では会社にも迷惑をかけてしまいます。／特に今会社では製品開発のスピードアップ化を進めていますが、私は役立たずです。

このような自責の念を強く込めた遺書の表現は、平成不況の二〇〇〇年代以降も続く。二〇〇〇年には納期に縛られたシステムエンジニア（享年二四歳）が死に際し、次のような遺書を残している。〈註37〉

本当に申し訳ありません。死んで解決するものではありませんが私にはどうしようもありません。

この文面からも激しい自責の念がうかがえる。同様の意識は、次に引用するサービス業の営業マン（二〇〇二年、享年二三歳）の遺書からも見出される〈註38〉（傍点・引用者）。

ただただいい顔ばかりしていた自分はもう生きている価値はないんじゃないか（中略）会社でもいい顔ばかりして、又、得意先にも迷惑ばかりかけてしまい申し訳ありません。（中略）人生は何とかなると思っていたけれど何とかなりません。

それは教育現場も例外ではなく、むしろ長時間労働や部活動などによる過労死ラインを超える残業による過重負担が強要されているのが通例とされている。公立学校の教員には時間外勤務は想定されていない。〈註39〉ある公立小学校教員（二〇〇六年、二三歳女性）は夢と希望を抱いてようやくかなえた就職からわずか二カ月後、長時間にわたる業務に加えて保護者対応に悩み、その果てにノートに次の言葉を残して発作的に自死を遂げている。〈註40〉

無責任な私をお許し下さい。全て私の無能さが原因です。家族のみんなごめんなさい。

さらに近年、「ブラック企業」と批判を受けている企業では、長時間にわたるサービス残業に従事したあげく、自殺する若年者たちが急増している。次に引用するのはワタミに勤めていた森美菜さん（享年二六歳）が手帳に走り書きした文章である。〈註41〉

体が痛いです
体が辛いです

気持ちが沈みます
早く動けません
どうか助けて下さい
誰か助けて下さい

二〇〇八年に過労自殺を遂げたこの女性が最後に残したＳＯＳのメッセージからさえも、会社への非難どころか、むしろ自殺の原因を会社の期待通りに仕事をこなせない自分に求め、そうした自分自身をもどかしく感じ、卑下するかのような姿勢すらうかがえる。

上記した過労自殺者たちのメッセージからは、自分の思うようにできない苦しみから、「私恥」（本書一三九〜一四〇頁参照）に陥ってしまい、責任を自己自身に回収させてしまう姿勢が読み取れる。それは自分の苦しみの意味を相対化できていないという意味で、自己を客観視出来ない「即自的」な死といえる。

就職氷河期の二〇〇〇年に就職活動を経験した作家の津村記久子は、新聞のインタビューで次のように答えている[註42]（傍点・引用者）。

私たちの世代は変な耐性を持っています。さんざん苦労して取った内定だからと、厳しいノルマや残業、「働かせてやっている」という会社側の見下した態度にも我慢して頑張ってしまう。

就職氷河期という過酷な状況ゆえに身に付けざるを得なかった「変な耐性」が、本人も意図せぬうちに身体を、さらに精神までを蝕むほど自らを追い込み、結果として企業への服従を誘発したというのである。津村の指摘するように、就職戦線を生き抜く中で培われたこの「変な耐性」に若者たちが呪縛されていたとすれば、「失われた一〇年（あるいは二〇年）」の中で過労死・過労自殺へと追い立てられていったことも腑に落ちる。また、「数字（業績）が人権」という言葉もある。筆者が耳にしたある証券会社のケースでは、数字が取れないと自分たちの人権が保障されないという。そこで自らの人権を担保するためには、サービス残業をしなければならない。休暇も取れない上に、ひどい場合には殴る、蹴るという暴力行為までもが容認されてしまう。だが数字さえ取れれば休暇も取れるし、残業などせずに早く帰れる。数字に翻弄されるそうした職場状況も、アメとムチで「変な耐性」を社員に植え付け、働く意味を喪失させてしまうことになるだろう。

このような現状において、過労自殺者たちの遺書から、その死の社会的意味の手がかりを見出すのは困難であり、遺族たちも泣き寝入りせざるをえない。

実際、第I章で述べたように、労働者が過労により倒れて死亡、あるいはうつ病を患って発作的に自殺を遂げても、日本企業の多くは労災認定に消極的な姿勢を示し、死亡原因をあくまで個人的な事情に帰着させようとしてきたし、労働基準監督署も同様の態度を示してきた。そこではヤスクニシステムが、責任に対する口封じを成功させているかに見え、企業自身が内包する社会悪の存在は見出しにくくなっている。この点について、川人は次のように述べている〔註43〕（傍点・引用者）。

せめて死を決意したのならば、会社に対し抗議の意思表示をして欲しいと思った。（中略）それは故人の責任では決してないし、無理難題を課している上司や会社組織にこそ、責任があるはずだ。だが、実際には、「こんなことを俺に押し付けた会社に抗議する」と書いた遺書を私はまだ見たことがない。自らの至らなさをわびて、命を絶っていく労働者たち。

たとえ遺書や常日頃の言動から死をほのめかされていたとしても、そもそも遺族たちには「自殺」という現実を飲み込むことができなかった。また労災認定の審査や訴訟の過程で専門家から、たとえば医師から自殺の原因を「精神障害」とする見解を示されたり、弁護士からうつ病との因果関係について説明を受けたりしても、すぐに納得できるわけでもなかった。「あの人は自殺するような人ではない」、「私を置いていくなどあり得ない」、そして「一体なぜ死ぬことを選んだのか」と、遺族たちは何年にもわたり、煩悶しつづけることになった。

社会学の山田陽子は、これまで社会問題として扱われてきた労働問題が、精神医療などの医学的観点から見直され、再定義される「医療化」のプロセスを、遺族たちの裁判闘争の過程に見出している。遺族たちは当初、最愛の家族の死因を「精神障害」と規定する扱いが、法廷で当然のようになされる状況に当惑する。だが裁判の進行にともない、遺族たちは徐々にそれを受容するようになる。そして、自殺した家族が精神障害だったことを事実として確認する作業を通し、その時に手を差し伸べられなかった後ろめたさから、やがて自責の念へと覚醒していく。[註44] このことは「あの人は自殺するような人ではない」、「私を置いていくなどあり得ない」、「一体なぜ死ぬことを選んだのか」と死者を主語にし、物言わぬ死者の思いを斟酌しかねて苦しんでいた段階から、死の意味について「私」を主語にした問いへの転換にほかならない。ゆえに、それは企業による服従の呪縛という戦略から解き放たれる第一歩であり、やがて裁判を闘い抜く主体へと変えられていくことを示唆している。

こうして裁判の席上、遺族たちに残された争点は、故人の労働実態と死亡原因との因果関係を明らかにすることであった。〈註45〉それゆえ、川人は、「生物的埋葬・宗教的埋葬」とは別に、故人を「社会的埋葬にする手続き」として過労死裁判が不可欠なのだと指摘する。〈註46〉

二〇一三年に女性記者（享年三一歳）の過労死事件が起きたＮＨＫでは、翌年に労災認定がなされた。これを機に「報道局働き方プロジェクト」が発足し、働き方や業務の進め方を抜本的に見直すという宣言がなされた。にもかかわらず、箝口令でも敷かれたのか、この情報が局外に知らされることはなかった。ニュースの「どの号をめくっても（中略）名はもとより、『過労死』、『女性記者』、『二〇一三年七月』などのキーワードさえ見当たらない」という状況だった。〈註47〉このままでは娘の「死が風化し、葬り去られる」ことを危惧した両親は、過労死の事実がなぜ局内で留められてしまったかを明らかにしないことには、「死のけじめ」がつけられないと憤慨した。〈註48〉いいかえれば、それは死者の名誉にかかわる問題である。それゆえ原告である遺族の中には、名誉を傷つけられた故人の「葬式」として裁判をとらえ、訴訟を戦っている人たちもいるのである。

ヤスクニシステムからの解放を示唆する言葉

上記したような状況に変化が生じたのは、二〇一五年以降である。きっかけは、高橋まつりさん（享年二四歳、本書一四九頁参照）の過労自殺である。広告代理店・電通は、第Ⅲ章で触れたように一九九一年に過労自殺者（男性、享年二四歳、本書一四七頁参照）を出して以降も、業務量に見合った人員配置がなされないまま、ギリギリで業務を回していた。加えてクライアントに振り回されて予定外の仕事が突発的に発生し、長時間労働が常態化していた。そのため過労死・過労自殺者をたびたび出していたところに、二〇一五年末、高橋まつりさんの事件が起こる。彼女は死の直前まで、自身がおかれた労働環境と、その中で徐々に精神的に追い詰められていく状況を、ツイッターで克明に記しており、それだけに社会的に大きな波紋を広げたのである。

電通には一九五一年に設けられた「鬼十則」と呼称される社訓が存在する。その中には、「仕事は自ら『創る』可《べ》きで与えられる可《べ》きでない」（第一項）というように、クリエイティブな精神を鼓舞する前向きな文言も見られる一方、次に述べるような危険性をはらんだ内容も含まれていた。たとえば、「取り組んだら『放すな』殺されても放すな目的完遂までは」（第五項）という文言は、彼女の自殺を機に、過剰な精神主義を強要しかねないと認識されるようになった〈註49〉。

二〇〇一年に入社して一一年間勤めた男性は、この会社の性質を次のように述べている〈註50〉。

軍隊組織で、新人は一番下。イジめて使い倒す。いい大学を出ていい会社に入ったと思っていたのに、想像だにしなかった悲劇に遭う。ギャップが激しすぎて、心が壊れちゃうんです。

高橋まつりさんが担当していたネット広告は、新聞・テレビなどと異なり、表示回数・クリック数などで効果が細かく測定されるため、際限のない部門だという。事実、彼女がツイッターに残した「つぶやき」からは、長時間労働に加えて、パワハラまがいの言動が蔓延していた状況がうかがえる。その一部を引用しよう。〈註51〉

10月14日　眠りたい以外の感情を失いました
10月21日　もう四時だ　体が震えるよ…　しぬ　もう無理そう。疲れた
10月27日　弱音の域ではなくて、かなり体調がやばすぎて、倒れそう……
10月31日　部長　君の残業時間の20時間は会社にとって無駄　今の業務量で辛いのはキャパがなさすぎる
11月1日　会社行きたくない
11月3日　生きるために働いているのか、働くために生きているのか分からなくなってからが人生
11月4日　70（引用者注：三六協定上限の残業月七〇時間のこと）にしろって言われてるんです。俺の若い時は社内飲食にしてたぞって
11月5日　土日も出勤しなければならないことがまた決定し、本気でしんでしまいたい

11月6日　本当に死ぬところだった
11月10日　今日も寝られなかった　毎日次の日が来るのが怖くてねられない
11月12日　これが続くなら死にたいな…と思いはじめて、道歩いている時に死ぬのに適してそうな歩道橋を探しがちになっているのに気づいて今こういう形になってます
11月16日　会社恐いから寝られない
12月3日　働きたくないとかじゃなくて、朝起きたくない
12月6日　死ぬ人ぞ死ぬ自殺名所
12月9日　眠すぎて気持ち悪い　はたらきたくない。一日の睡眠時間2時間はレベル高すぎる
12月16日　死にたいと思いながらこんなにストレスフルな毎日を乗り越えた先に何が残るんだろうか
12月18日　1日20時間とか会社にいるともはや何のために生きているのか分からなくなって笑けてくるな。

そして、一二月二五日のクリスマス、「大好きなお母さん。ありがとう。人生も仕事もすべてがつらいです。お母さん、自分を責めないでね。最高のお母さんだから」というメールを送り、命を絶っている。

以上の文言からは、明確にその死を意識化させたものの正体が浮かび上がる。彼女はそれを「会社」と名指し、自分が受けている苦しみを相対化している。その意味で、彼女の死は自己を突き放し

て客観視し得る、いわゆる「対自的」な死である。そこで、その死の意味を受け止めた遺族たち（ことに母親）は、泣き寝入りすることなく、この社会がはらむ構造悪と真っ向から対決する姿勢を示すこととなった。次のツイッターでの母・幸美さんのつぶやきからは、対決すべき構造悪の正体がうかがい知れよう（@yuki843003 2018/0718）。

司法も国も
働く人の意識も
雇用契約書にサインしたら
死ぬまで働くんだ
社員より利益
国も法律も守ってくれない
これが日本の姿だ

高橋まつりさんが亡くなって五年目の命日に際し、幸美さんが寄せた手記の最後に次のような文章がある（AERAdot.2020.12.25 00.00「【電通過労死から五年】高橋まつりさん母の手記全文公開　在りし日の笑顔」、傍点・引用者）。

日本が、誰もが安心して活き活きと働き、若者たちが希望を持って人生を送れる国になるように発言していくことが、娘が私に遺した使命と思い、微力ながらまつりと共に力を尽くしてまいります。

娘はなぜ死ななくてはならなかったか？　を自他へと問いかける時、それをつまびらかにし、労働者を死に追い込む社会の仕組みを正すことが、母にとっては娘から遺された使命となる。共に戦い続けることへの決意のほどがうかがえるこの言葉からは、娘の死を悔やみ、悲しみに沈んでばかりいないで、死者の遺した言葉が生者である母を立ち上がらせ、突き動かす原動力になっていることがわかる。講演などの場に立つ時、幸美さんはまつりさんのワンピースを着用して臨むという。自身が死者に化身して、まさに「まつりと共に力を尽くして」語ろうとするのである。

幸美さんは、まつりさんの労災認定がなされた二〇一六年以降、過労死防止月間の過労死防止シンポジウム（厚生労働省主催）に他の遺族たちとともに登壇し、また二〇一八年からは過労死等防止対策推進協議会委員を務め、ガイドラインの作成に携わってきた。また、そうした精力的な活動を展開する一方で、ツイッターを通し、「苦しんでいたのに助けられなかった」という自責の念を吐露しては、不特定多数の苦しみの渦中にある当事者や遺族たちに次のように訴えかける。

「死ぬくらいなら辞めれば」ができなくなるのが過労自殺です。
子供を失った親は生きる気力を失います。
例え会社や上司が謝罪しても愛する子は生きて戻りません。

時は止まり、希望を失った中で生き、大切な子の苦しみを晴らすために声を上げ会社と対峙することがどんなに辛いことか私も知っています。（@yuki843003 2020/06/12）

仮想現実で再現されたクローンでもいいから会いたいとは思う
大切な人の喪失は、誰もが現実になる可能性があります
他人事ではない
どんなことをしても
死を受け入れて哀しみを乗り越えることなんてできない
子供を失うことは自分のいのちを失うことより辛いのだから
子供を持つ人ならわかると思う（@yuki843003 2020/07/22）

友人に話しても解決できない苦しみの中にいる人
みんなの前では明るく元気に振る舞っていても心の中でひとり苦しんでいる
誰にも話せないで悩んでいる人
どうか相談窓口につながって欲しいです。
苦しい気持ちを話して欲しいです。
あなたは大切な存在です。
あなたがいないと私は悲しい。（@yuki843003 2020/09/09）

また、ツイッターでは過労死・過労自殺者たちの遺族の悩み、苦しみをつづる文章を見つけては、そうした人たちに寄り添い悲しみを共有し、生き抜く希望を与えようとする姿勢もうかがえる。彼女が過労うつに苦しむ若者や自殺者たちに注ぐまなざしは、さながら擬似的な母子関係のようでもある。

昨日は過労自殺した息子の命日でした。まる四年になります。職場から帰宅して命を絶ちました。翌日の今頃パワハラしていた当の上司が第一発見者でした。この時間帯になると今でも動悸が止まりません。（ピッピ　@sakura19580605 2020/10/12）

これは上司のパワハラによって息子が過労自殺した、ある親のツイートである。それに対し、幸美さんは次のように呼びかけている。

○○さん（引用者注：管制官、享年三一歳）の辛さを決して忘れません。
パワハラ加害者は絶対に許せない。
皆さんも絶対に許さないでください。
周りで苦しんでいる人がいたら助けてあげて。苦しんでいる人はどうにかして逃げて！
お願い生きて下さい。（@yuki843003 2020/10/12）

このような幸美さんの姿勢は、「投影同一視（projective identification）による喪の仕事」に重なり合う。これは敬愛する父親を亡くしたフロイトが、悲しみから立ち直るのに順次経験した心理的過程の一つである。〈註52〉

同じような不幸や悲しみを抱く身の上の人物に、自分と同じ苦悩を見いだし、それに同情し共感し相手の不幸や悲しみの解決を助ける営みを通して、自分自身の同じ苦悩を昇華していく心理過程である。（中略）「投影同一視による喪の仕事」は人を助けたり導いたりするかかわりの形で行われる。

その意味において、幸美さんは過労死・過労自殺者たちの遺族と積極的に関わる姿勢を示すことで、期せずして彼らの「重要な他者」となっている。それは労災認定を勝ち取りながらも、「企業のヤスクニ」システムには包摂しきれないゆるやかな連帯が、外部に生成されている状況を示す。加えて、「企業のヤスクニ」なるものが本来、企業によって恣意的に「選別」され、「労災」と認定されえた死者のみを対象としたのに対し、過労死・過労自殺の「医療化」にもとづく裁判闘争を通じて、労災は遺族たちが裁判闘争によって「勝ち取る」ものとなった。いいかえれば「労災」は、「企業のヤスクニ」の専有物ではなくなったのである。こうして遺族たちを取り巻く社会的状況は、新たな局面に入ったといえるのではないだろうか。

それは人々が企業に抱くあらゆる幻想のベールが剥ぎ取られた瞬間であり、これまでの非対称的な関係性を相対化することで企業と対等に向き合い、自らの生に対する主体性を取り戻す機会につながるだろう。そして幸美さんの姿勢に随伴しようとする人々が増えることで、「会社のため」という美名のもとで半ば正当化され、雇ってもらったことに対して無限に「恩」（＝「生の負債化」）を着せられた「不正の受益者」として会社のやり方にやむなく同意させられてきた無数の労働者たちの死、すなわち「企業戦死」に対する真の弔いの道も完結させることになろう。

それでは、過労死・過労自殺に陥らないために、私たちはこれからどう生きるべきか。「企業と対等に向き合い、自らの生に対する主体性を取り戻す」には、どのように認識を転換していけばよいのだろうか。

【註】

〈1〉読売新聞特別取材班『トヨタ伝』新潮文庫、二〇〇〇年、二七〇頁。

〈2〉国友隆一『京セラ　稲盛和夫―血気と深慮の経営』ぱる出版、一九九六年、一一七〜一一八頁。

〈3〉稲盛和夫『京セラフィロソフィ』サンマーク出版、二〇一四年、三九四頁。

〈4〉渡邉美樹『社長が贈り続けた社員への手紙―渡邉美樹の夢をかなえる手紙』中経文庫、二〇〇六年、一四三〜一四五頁。

〈5〉製鉄所において慰霊行為が始まったのとほぼ同時期、民間企業でも、物故従業員の名を刻んだ銘板などを墓に納める「企業墓」が出現したという。フリージャーナリストの山田直樹が調べた事例中、現時点で最古のものは一九一八年に東京都荒川区の本行寺に造立された「伊勢丹社員之墓」だが、そこで行なわれる儀礼行為については記録がないため不明である（山田直樹『ルポ企業墓―高度経済成長の「戦死者」たち』イースト・プレス、二〇一八年、三八頁）。だが造立が大正時代の半ばに遡るという点を考慮すると、第Ⅱ章で述べたように、労使関係対策を企図した企業が温（恩）情主義に基づき、経営家族主義による慰霊行為として建てた可能性もあるだろう。この点については今後の課題としたい。

〈6〉製鉄所では戦前より職員（ホワイトカラー）と職工（ブルーカラー）の二層構成のもとで組織化が図られ、その構造は戦後の一九五〇年に民営の八幡製鉄所株式会社が発足する過程でも引き継がれた。よって、人事制度上、給与等待遇の面でも二元化され、それぞれ別途に展開されてきた。筆者の聞き取りによれば、こうした職員と職工の二系列が分離された状態は、一九九七年になるまで解消されることがなかったという。つまり、職員で構成される総務課は、職工とは対称的なエリート色を帯びた組織であったことがうかがえる。

〈7〉M・フォーテス、田中真砂子訳『祖先祭祀の論理』ぺりかん社、一九八〇年、一三五〜一三六頁。

〈8〉M・フォーテス、田中真砂子訳『祖先祭祀の論理』ぺりかん社、一九八〇年、一七一頁。

〈9〉中牧弘允「会社供養塔」『日本民俗宗教事典』佐々木宏幹・宮田登・山折哲雄監修、東京堂、一九九八年、九五頁。

〈10〉中牧弘允『社葬の経営人類学』中牧弘允編、東方書店、一九九九年、一六頁。

〈11〉中牧弘允「会社供養塔」『日本民俗宗教事典』佐々木宏幹・宮田登・山折哲雄監修、東京堂、一九九八年、九五頁。

〈12〉安全活動の機関紙『緑十字』、社内報『くろがね』と、労働組合の機関紙『熱風』に記された労災死者数を比較すると、そこには製鉄所の認定により公式報告された死者数との間に微妙なずれがあることが分かる。こうした現象は合理化が進行する一九六〇年から五年間にわたったが、その後は見られなくなった。死者数も五名前後に留まり、故意に調整された印象を拭えない。一九七二年からは、さらにその半数以下へと激減していく。こうした現場の実感から乖離した不自然なまでの数字の変化は暗に、労災死者をめぐり製鉄所本位で〈良い死〉の選別がなされていたことを裏書きするのではないだろうか。

〈13〉八幡製鉄所の合理化は三回に分けて実施された。特に一九五六年に始まる第二次合理化においては、完全な機械化による労働時間の大幅短縮が目指すべき課題とされ、そのため職工たちは、自分の持ち場の機械操作以外にも、わずかに浮いた時間を不慣れな他部署との兼任に充てなくてはならなくなった。こうした労働密度に対する強化をクリアできない者たちは、続く池田内閣のもと、所得倍増計画に基づいて策定された第三次合理化（一九五九年開始）の過程で、容赦ない人員整理にさらされることになった。そのような状況は職工たちの負担を増す結果になったと考えられる。また第三次合理化計画による堺・君津での製鉄所建造を皮切りに、鉄の結束を誇っていた八幡の職工たちは全国の工場へと分散させられた。この大掛かりな人の動きは「民族大移動」と称された。こうした不慣れな仕事、職場構成は作業環境にも影響し、災害の激増をもたらしたのではないだろうか。

〈14〉深田俊祐『新日鉄の底辺から―下請け労働者の報告』三一書房、一九七一年、一九一頁。

〈15〉下中邦彦編「鉄の王国」『日本残酷物語　現代篇1―引き裂かれた時代』平凡社、一九六〇年、一〇三～一〇五頁。

〈16〉佐木隆三『鉄鋼帝国の神話―鉄鋼合併と労働者』三一書房、一九六九年、一七三頁。

〈17〉佐木隆三『鉄鋼帝国の神話―鉄鋼合併と労働者』三一書房、一九六九年、一七四頁。

〈18〉竹内勢津子「きゅうきゅう車」『校友』一四号、明治学園、一九七二年、五八頁。

〈19〉お小夜狭吾七伝承は、一七八五年に実際に起こった事件をモティーフとした八幡近辺に伝わる伝承で、そのあらましは次のとおりである。巡礼の娘お小夜と恋仲になった流れ者の旅役者・狭吾七が、横恋慕した前田村の若者たちから海岸でなぶり殺しにされたことで、世をはかなんだお小夜は後を追って井戸に身を投げる。以来、村には火事や疫病などの怪異が相次ぎ、二人の怨恨を恐れた村人たちが祟り鎮めの祈祷を八幡宮に願い出たことで、ようやく怪異は治まり、二人の霊は前田の仲宿八幡宮の境内に牛守神社として祀られた。しかしその後、当地に製鉄所が進出し、狭吾七が最初に葬られたとされる丘の上に溶鉱炉が建造される。そこでは事故が絶えなかったので、これは二人の祟りのせいだという俗説が、巷間語り伝えられることになったという。

〈20〉金子毅『八幡製鉄所・職工たちの社会誌』草風館、二〇〇三年、一七五〜一八一頁。

〈21〉北九州史跡同好会編『北九州の史跡探訪』福岡自費出版センター、一九九〇年、一三九頁、および八幡市史編纂委員会編『八幡市史　続編』、一九五九年、一〇二一〜一〇二二頁。

〈22〉現認証とは一般に、業務による負傷または怪我や病気などが原因で休業した場合、あるいは業務上の死亡により退職した場合、その原因が業務内容に求められるものであることを証明する書類である。その提出をもって労働災害と認定されるため、いわゆる「労災隠し」に走る企業も現れた。これまで積み上げた安全成績の記録が途絶えてしまうのを避けるためである。八幡製鉄所も例外ではなく、筆者が行なった退職者たちへの聞き取り調査でも、昭和三〇年代後半まで、休業災害を健康保険の有効範囲内で済ませることのできる不休業災害へと置き換えるべく、企業と医者ぐるみで労災隠しが行なわれていたとの証言を得ている。ただし労災隠しは企業側だけの問題でなく、災害撲滅が各職場での優先事項とされたことから、安全成績の維持に熱心な現場従業員たちの間でも自発的になされていたという。

〈23〉田中真砂子「祖先祭祀と家・親族」『宗教人類学』佐々木宏幹・村武精一編、新曜社、一九九四年、六二頁。

〈24〉このように企業の祖先として祀り上げられていく現象を他の宗教を信仰していた人々、ことに神以外の一切の権威を否定するキリスト教徒たちはどう捉えていたのだろうか。一例として、製鉄所からほど近い場所に所在する「宗教法人基督伝導隊・八幡前田教会」での聞き取り記録を紹介しよう。一九三九年に設立された当教会には当初より製鉄所の「職工」たちが礼拝に多く訪れ、中にはそのまま信者になった者も出たという。また「職員」の信者も見られた。やがて戦時色が強まるとキリスト教は敵性宗教と見なされ、製鉄所からは教会に近寄るなという厳格な指令が出された。だがそうした厳戒態勢下にもかかわらず、一人の熱心な職員が福岡の「基督伝道館」から牧師を招いて、自宅でひっそりと家庭集会を開き、そこから新たに信者となった者もいた。このような人々は、製鉄所が推進する殉職者たちに対する追悼儀礼に表面上は従っていたが、内心では忸怩たる思いを抱いていたという（一九九九年一一月、八幡前田教会での牧師からの聞き取りによる）。ここに記したことは八幡所在の教会で見出された一事例に過ぎないが、信仰的理由から同様の思いを抱く多くの信者たちが存在していたことは想像に難くない。現に、無宗教形式となったとはいえ、信仰的理由から慰霊祭への参加を拒否する者も現れたという。

〈25〉本田洋「墓を媒介とした祖先の〈追慕〉」『民族学研究』第五八巻第二号、一九九三年、一四三頁。

〈26〉高橋哲哉『靖国問題』ちくま新書、二〇〇五年、四三～四四頁。

〈27〉企業のヤスクニと酷似したシステムは、教育現場でも実施されているようである。高さ三〇メートルの巨大なコンクリート製の「教育塔」のもと、毎年秋に日本教職員組合（以下、日教組）の主催で「教育祭」が執り行なわれている。教育塔の建立は一九三四年に帝国教育会により決定、その二年後には第一回の教育祭が行なわれた。一九四七年以降は日教組がこれを受け継ぎ、現在に至る。教育塔に祀られるのは「殉難者」と総称される、教育関係の事故などで亡くなった教育者や生徒である。教育活動にどれほど多大な貢献をした教育者でも、病死の場合はそこに含まれない。そのため関係者の間では、教育塔は「教育の靖国神社」と呼ばれている（教育塔を考える会編『教育の「靖国」―教育史の空白・教育塔』樹花舎、一九九八年、三二五～三二七頁）。

〈28〉全国過労死を考える家族の会編『日本は幸福か―過労死・残された五〇人の妻たちの手記』教育史料出版会、一九九一年、六四～六五頁。

〈29〉横田一・佐高信『トヨタの正体』金曜日、二〇〇六年、六二～六三頁
〈30〉川人博・平本紋子『過労死・過労自殺労災認定マニュアル―Q＆Aでわかる補償と予防』旬報社、二〇一二年、五五頁。

〈31〉E・デュルケムは『自殺論』において、自殺の社会的タイプを基本的に次の三つに分類している。第一に、「自己本位的自殺」。社会が一部分、あるいは全体的に解体に瀕し、個人を統合できない状況下にあるとき、自己以外のものとのつながりが見出しえず、生きることに存在理由を感じられなくなり、

絶望から自殺を選択してしまうというパターンである。第二に、「集団本位的自殺」。軍隊組織など個人に対する拘束力があまりにも強い場合、個人は集団の中に埋没し、その中で期待されるがままにしか生きる意味を見出せなくなり、準拠集団（本書一三七〜一三八頁参照）が仕向けた意味に従って自殺を選択するというパターンである。第三に、「アノミー的自殺」。日々の行動を秩序付ける共通の価値や道徳意識が失われてしまうと、個人の欲望がむき出しとなった社会状況、つまりアノミーとなる。この場合、個人は僅かなりとも欲望を制御されることに我慢ならず、社会の側からの規制に対して深く絶望し、自殺に至るというパターンを示す。デュルケムは以上三つの分類に基づき、自殺が社会的な状況により決定づけられるとした（デュルケム、『自殺論』中公文庫、一九八五年参照）。弁護士の川人博は「集団本位的自殺」の中に日本の会社組織のあり方が投影されていると捉え、これを「会社本位的自殺」と名付けた。またバブル崩壊後のリストラや会社の倒産などの経済情勢を踏まえ、解雇された者が自殺しやすいという傾向に着目して、会社本位的自殺にはアノミー的状況が投影されているとも述べている（川人博『過労自殺』岩波新書、一九九八年、九四〜九六頁）。

〈32〉川人博は、いじめによる少年の自殺と過労自殺との相違点として、自己を責任の中心に据えるか否かという点を挙げている。いじめ自殺の場合、いじめた人間を名指しし、これらの者とともに、時にはいじめを放置した社会に対しても、責任の所在を追及する文面が多いという（川人博『過労自殺』岩波新書、一九九八年、八三頁）。

〈33〉川人博『過労自殺』岩波新書、一九九八年、二頁。

〈34〉川人博『過労自殺』岩波新書、一九九八年、八五〜八六頁。

〈35〉川人博『過労自殺　第二版』岩波新書、二〇一四年、五一〜五二頁。

〈36〉川人博『過労自殺と企業の責任』旬報社、二〇〇六年、三八〜三九頁。

〈37〉熊沢誠『働きすぎに斃れて―過労死・過労自殺の語る労働史』岩波書店、二〇一〇年、二六〇頁。

〈38〉熊沢誠『働きすぎに斃れて―過労死・過労自殺の語る労働史』岩波書店、二〇一〇年、二六六頁。

〈39〉一九七一年に制定された「公立の義務教育諸学校等の教育職員の給与等に関する特別措置法」（給特法と略される）により、授業準備やテスト作成、部活動の指導のために定時を超えて残業しても、それは〝自発的に〟居残りをしているだけと見なされてしまうからである。残業代に代えて、自動的に給料月額に四％の上乗せがなされることから、いわゆる「定額働かせ放題」の状況に置かれたままとなっている現状に、教員たちが抱える問題がある（内田良・斉藤ひでみ『教師のブラック残業――「定額働かせ放題」を強いる給特法とは?!』学陽書房、二〇一八年、四六～四九頁）。

〈40〉川人博『過労自殺　第二版』岩波新書、二〇一四年、八三頁。

〈41〉中澤誠・皆川剛『検証ワタミ過労自殺』岩波書店、二〇一四年、一頁。

〈42〉津村記久子「雇用ショック・インタビュー編　労働は基盤、簡単に言わないで」『朝日新聞』二〇〇九年三月一二日付。

〈43〉川人博『過労自殺』岩波新書、一九九八年、九四頁。

〈44〉山田陽子「「心の健康の社会学序説――労働問題の医療化」『現代社会学』第九号、広島国際学院大学現代社会学部、二〇〇八年、四一～六〇頁。

〈45〉自殺に関する認識が変化したのは、厚生労働省より「心理的負荷による精神障害等に係る業務上外の判断指針」（以下、判断指針）が通達されたことで、精神障害や自殺のガイドラインが明示されることになった一九九九年以降である。それ以前は、自殺は故意によるとされ、事故や災害といった観点から捉えられるものではなかった。責任はあくまで当人にあるとされたため、事業主に対する災害補償責任などは発生せず、まして社会保険による補償対象にも該当しないと考えられていた。

〈46〉川人博『過労自殺　第二版』岩波新書、二〇一四年、一九二頁。

〈47〉尾崎孝史『未和――NHK記者はなぜ過労死したのか』岩波書店、二〇一九年、二〇〇頁。

〈48〉尾崎孝史『未和――NHK記者はなぜ過労死したのか』岩波書店、二〇一九年、ⅳ頁。

〈49〉鬼十則は、「生きることとビジネスの魂」をわずか一〇項目、三〇九文字で謳ったものであり（植田正也『電通鬼十則─広告の鬼吉田秀雄からのメッセージ』PHP文庫、二〇〇六年、一九頁）、業種業態を超えてあらゆるビジネスの現場で採用されてきたという。たとえばカルビー社の場合、一九七七年の一〇月の社内報に、「鬼十則」を一部援用した「カルビー鬼十則」が掲載された。その一項目に、「鬼十則」第五項の「取り組んだら『放すな』、殺されても放すな目的完遂までは」が採用されていたという（森岡孝二『過労死は何を告発しているか─現代日本の企業と労働』岩波書店、二〇一三年、一五一頁）。鬼十則は近年に至るまで、様々な企業で用いられていたようである。労働社会学の常見陽平もリクルートに入社し、営業担当をしていた一九九七年、教育担当の先輩より「鬼十則」のコピーを受け取り、これの音読を行なっていたという。常見はその後転職したが、その転職先においても「鬼十則」を模した「鬼十訓」なるものが存在し、社員たちがその言葉を自社の言葉のように捉えていたという（常見陽平『なぜ残業はなくならないのか』祥伝社新書、二〇一七年、一四四頁）。NPO法人POSSEには、ある通信教育業界の事例として、その第五項「取り組んだら『放すな』殺されても放すな」を盛り込んだ社訓を、被害者たちが朝礼で読み上げさせられていたとの報告が寄せられている（POSSE本誌編集部「ブラック企業のリアル vol.17　通信教育」『POSSE』vol.32、NPO法人POSSE、二〇一六年、一六七頁）。だが一九九一年に初めて過労自殺が社会問題化して以降、「鬼十則」は新入社員研修の教本などから削除され、二〇一六年からは社員手帳からも削除された。

〈50〉北健一『電通事件─なぜ死ぬまで働かなければならないか』旬報社、二四頁。

〈51〉高橋幸美・川人博『過労死ゼロの社会を─高橋まつりさんはなぜ亡くなったのか』連合出版、四〇～五二頁。

〈52〉小此木啓吾『対象喪失─悲しむということ』中公新書、一九七九年、一二九～一三〇頁。

おわりに——過労死・過労自殺に陥らないために

長時間労働や各種ハラスメントなど理不尽な状況が改善されない職場に対し、『アリ地獄天国』の主人公のように、一人からでも加入できるユニオンに加盟し、徹底抗戦を表明する人々が登場するようになってきた。また働き方改革が進行中の現在、様々な法令による取り締まりも強化されつつある。それは教育の現場においても同様であり、教員たちが声を上げ始め、働き方改革に向けて法令化は着実に進行しつつある。そしてこのような動きに後押しされるように、近年、ＰＯＳＳＥなどのＮＰＯ法人や厚生労働省などを中心とした、高校や大学での労働法教育の取り組みも実践に移され始めている。法令に基づく厳罰化や労働法教育は、確かに「企業戦死」を阻止しうる現実的な解決法として評価される。

だが、できることならその一歩手前で踏みとどまり、彼らの抱く苦しみがほんの一時でも取り除かれ、逆に生きる力が取り戻されるような手段を講ずることはできないだろうか。これについては、本書で一貫して述べてきた文化論の立場からの提言が、有効性を発揮しうると考えている。「企業戦死」とならないためには、社会に張り巡らされた幻想を生み出す文化装置としての「ヤスクニシステム」に対し、自覚的になる必要がある。しかしそうなる前に、死に至る一歩手前で留めるにはどうすればよいのだろうか。最後にささやかながら一つの処方箋を示すことで本書を締めくくることとしたい。

職場は多様な人間から構成されているので、嫌いな人間と面と向かわずに済むわけにはいかない。

では、パワハラなど自分に向けられた嫌がらせに対し、どのように発想の転換をすれば、傷を必要以上に広げずにすむことができるのだろうか。また「恥」と「罪」の感情に追い詰められて、自身を死へと追いやらずにすむのだろうか。

そこで一つのヒントとなるのが「分人（dividual）」という概念だろう。「私」という存在は分割不能なただ一つの個人ではなく、対人関係を通じて複数のアイデンティティが投影された分割可能な複数の人格、つまり分人の集合体と捉える考え方をいう。そうした「個人」と「分人」をめぐる議論としては、平野啓一郎の『私とは何か――「個人」から「分人」へ』（講談社現代新書、二〇一二年）が広く知られているが、実際、最初に「分人」を概念化し、議論の俎上に載せたのは、文化人類学者のアルジュン・アパドゥライであった。贈与理論〈註1〉を応用したアパドゥライの人間関係論では、メッセージの贈与関係としてコミュニケーション行為が捉えられた。その時、メッセージを交換し合うコミュニケーションにおいては、「贈り手の分人的特性が贈り物に取りつけられ、受け手の分人要素とのあいだにさらなる結びつきを生み出す」と述べている。それは彼が考える「分人」とは、「個人（と他の大規模な社会集団）の基本的な構成要素」だからである〈註2〉。つまり「私」という存在は、コミュニケーションの相手によって、これに対応する「分人」を入れ替えていくために、人間関係の数だけ複数の「分人」を内包しており、それらによって構成された「個人」なのである。

正常な人間関係とは、発信者と受信者がメッセージを交換し合う時、それぞれの分人相互の関わり方に歪みがなく、暗黙の意味も含めたメッセージを、いかなる誤解も歪曲もなしに交換できる状態を指すだろう。一方、これが主従関係など不均衡に歪められた相互行為となると、コミュニケーションに齟齬をきたすことになる。本書で述べてきたいびつな労働環境の中で醸成される「恥」「罪」の意識やハラスメントなどは、その最たる状況といえるだろう。平野の言葉を借りれば、これは「不幸な分人化」である。では、「不幸な分人化」に陥らないためには、どのようにすればよいのだろうか。それは生きづらい現状を、たまたま今、自己を構成する複数の分人の中で起こってしまったそれとして、相対化することではないだろうか。平野は、職場で上司からパワハラを受け、小さな会社ゆえ人事による問題解決も困難な状況に置かれた友人の例を引きながら、その対処法について次のように述べている。〈註3〉

上司との間には、不幸な分人化が起きているが、自分のアイデンティティ――自分の個性を考える上では、その分人の比率は大きく捉えずに、妻や友人と一緒にいる時の分人を大切にする。自分が「分割できない個人」だと思ってしまうと、その会社の状態のままで、他の人とも接しなくてはいけない。（中略）分人という視点を導入することで、現状を見つめ直すことは出来る。（中略）不幸な分人を抱え込んでいる時には、一種のリセット願望が芽生えてくる。しかし、この時にこそ、私たちは慎重に、消してしまいたい、生きるのを止めたいのは、複数ある分人の中の一つの不幸な分人だと、意識しなければならない。

それは裏を返せば、自分の中には「不幸な分人」だけではなく、親しい他者たちとの間を取り持つ「幸福な分人」も存在しているのだと、考えを切り替えることである。職場の人間関係に悩んでいた平野の知人は、人事異動で嫌な上司から解放されたことで、「不幸な分人」を抱えて生きずに済むようになった。以後、見違えるほど元気を取り戻したという。

親しい他者とは、通常は家族や友人のことを指す。そうした他者たちとの間で、なるべく多くの「幸福な分人」でいられる時間が担保されれば、それだけ職場での「不幸な分人化」は後景に退くだろう。だが肉親との縁が薄く、友達もいない孤独な人たちはどうすればよいのだろうか。そんな場合は、未来に思い描く家族や友人でも、神仏でも、ペットでも、また、ヌイグルミといったような玩具でも、あるいは自分自身に語り掛ける日記でもいい、とりあえず、メッセージの応答が可能な「幸福な分人」を自分の中に見つけ出し、他者との対話を試みることから始まるのではないか。

ところで、SNSの中に話し相手を求めると「不幸な分人化」に陥るリスクもあり、そこは十分な注意が必要だが、そうした中で高橋幸美さんは苦しむ人たちからのメッセージを待っているだろう。富士山をのぞむ丘にあるまつりさんの墓には、悩みを抱えた人たちが参拝に訪れた痕跡があり、かたわらに置かれたノートには、訪れた人たちがまつりさんへの思いを書き綴っていく（https://www.nhk.or.jp/shizuoka/station_info/inochiwomitsumeru/article_2020/a_karou.html）。「幸福な分人」は、このような「死者との対話」を通しても見出されるだろう。

ともあれ、まずはメッセージの応答が可能な「幸福な分人」を、一つでも多く自己の内に見出すことで、対話を試みることから始めてみてはどうだろうか。

しかしそれでもなお、空を打つような虚しさを覚え、心通じ合わない断絶を味わうことがあるだろう。生きづらさを吐露し、それを受け止めてくれる他者とのコミュニケーションを通して、もちろん心が生き返ることもあるが、却って虚しさが増すだけだったり、相手が良かれと思って発する言葉がいちいち癇《かん》に障《さわ》ったり、懇《ねんご》ろに寄り添ってくれているのに、その共感の在り方がどこかピント外れだったりして、ぎこちなく対話を終える場合もある。相手の善意がわかるだけに、もやもやと徒労感ばかりが募る。そしてまた、そんな自分を我儘な人間だと責め苛《さいな》み、さらなる孤独に沈んでしまう。どれほど善意の他者たちと対話を重ねてみたところで、歓びを感じられず、「幸福な分人」ではいられないこともあるだろう。

そこで、さらに踏み込んで考えてみたいのは、コミュニケーションを通じたアパドゥライ式の「分人」、つまり他者との関わりを通じて生成される「分人」ではなく、他者を介することなく「私」の中に自律的に生成された、もう一つの「分人」についてである。「私」という存在が複数の「分人」によって構成されるのだとすれば、パワハラが横行する職場でいびつな人間関係にあえぐ「不幸な分人」を、他の「幸福な分人」たちによって後景に退かせることができるのではないか。そして、たとえ「幸福な分人」が他者とのコミュニケーションによって供給されなくとも、「幸福な分人」を自給自足し、自分の中に住まわせ育むことはできるだろう。

パワハラの「アリ地獄」に沈みながら「恥」「罪」の感情に絡めとられ、自縄自縛に陥り、やがて自らの心も体も破滅へと向かっていくのは、言ってみれば、「私」の心身が「不幸な分人」に占領され、枯《こ》死《し》しかけているからだ。その乗っ取られた領域を押し戻し、「幸福な分人」、わけても自律的なそれによって満たすことができればと思う。

本書を閉じるにあたり、そのヒントとなる一つの事例を、『不死身の特攻隊―軍神はなぜ上官に反抗したか』（講談社現代新書、二〇一七年）の著者であり、劇作家の鴻上尚史《こうかみしょうじ》のインタビュー記事から取り上げたい。[註4] 本書は、九回出撃して九回とも生還した元陸軍パイロットの故・佐々木友次の闘いを描いたノンフィクションである。「敵艦に体当たりしてこい」という上官の命令に逆らい、そのつど自らの技量で爆弾を敵艦に命中させ、自身は生還した佐々木は、二〇一六年に亡くなるまで戦後の日本を生き抜いた。軍隊という構成員の命を消費することで生き延びる組織の中で、お国のため、天皇のために死ぬことを拒み、命の尊厳を守り抜くことができたのはなぜか。皇国臣民・皇軍兵士としての死が賛美される同調圧力の中、これに抗いえた強さの源は何だったのか。そうした問いを胸に、鴻上は佐々木へのインタビューを試みる。

鴻上はまず「近代の軍隊で、生還する可能性のまったくない作戦を組織的に行ったのは、日本軍だけです」と指摘し、これを「命を消費する日本型組織」とした上で、その体質は「戦時中も今も変わらない」という。そして、それは現今の「ブラック企業」や「ブラック校則の学校」にも引き継がれていると述べている。いずれも「構成員を過労死や自殺へと追い込んだり、構成員の生きがいや幸せを犠牲にしたりして、組織だけが生き延びていく」という点で変わりがない。ここで鴻上が「ブラック企業」に言及しているように、軍隊という「日本型組織」から佐々木が生き延びた秘訣を探ることは、今まさに「ブラック企業」で命をすり減らしている人々に対し、なんらかの救いになるのではないだろうか。答えは実にシンプルだ。佐々木いわく、「とにかく飛ぶことが好きだったから」。その時の彼の心境を、鴻上は次のように推《お》し量《はか》る。

特攻に出撃して生還すれば、上官からムチャクチャに言われるけど、戻ってきたらまた次に飛び立てる。もちろん、飛行中に敵に撃ち落とされる可能性があることは、パイロットとして腹をくくっているけれど、自分から飛ぶチャンスを手放したり、大好きな飛行機を自分の手で壊したりすることは絶対にいやだ――。心からそう思っていたのでしょう。

つまるところ「人間の『好きだ』という根源的な感情は、ブラックな同調圧力と戦うための一番のよりどころです」と、鴻上は言う。これを「分人」の概念から読み直すと、上官の命令に抗えず命の消費を強要されて、「私」の心身を死へと追いやるのは「皇国臣民・皇軍兵士」としての「分人」だが、佐々木の中では、「とにかく飛ぶことが好き」だという「分人」がはるかに勝っていたのである。この「分人」はしかし、誰かとのコミュニケーションによって生成されたものではない。それは外部から遮断された狭いコックピットの中で、また操縦桿を握るのは「お国や天皇のために死ぬ」ためではなく、ただ「飛ぶことが好きだから」という自己本位的な動機を誰にも明かせない状況の中で、コミュニケーションから疎外された佐々木の内奥《ないおう》より湧き出した情動である。出撃の回数を重ねるごとに、「飛ぶこと」は彼に歓びをもたらした。こうして徐々に「パイロット」としての「分人」が、佐々木の中で「皇国臣民・皇軍兵士」としての「分人」を凌駕し、背後へと退けたのだ。

佐々木の事例は、現代の会社組織と従業員の関係にもあてはまる。企業理念等を組織から押し付けられた価値観には面従腹背しつつ、働くことの意味をひそかに巧妙にずらすことで、与えられた業務を、自分の中の「『好きだ』という根源的感情」に動機づけられた仕事に変えてしまうこと。嫌な上司に仕えつつ、それでもあえてこの職場で働くのは、あくまで「好きなこと」を追求する手段にすぎないと割り切ること。これらは一見、過酷な労働環境を甘受しているように見えて、実は「『好きだ』

という根源的感情」に基づく「分人」が、組織の価値観よりも優位に立っているのである。たとえ「私」の中に「不幸な分人」がいたとしても、圧倒的な位置を占める「幸福な分人」によって片隅に追いやられ、それによって「私」という存在は生き延びることができる。

では、純粋に何かを「好きだ」という根源的感情すら思い出せないほどに、心も体も枯死しかかっているとしたら？　その時は全力を振り絞って「逃げ出す」ことだ。こうして「不幸な分人」を自ら捨て去る時、それは敗北とは言わない。「生きる」という微《かす》かな情動に突き動かされた、「私」の中のもう一つの「分人」が自らの意志で、自分を呪縛してきた組織の価値観を見限り、切り捨てたのだから、むしろそれは勝利である。だから、逃げろ。そして生き延びろ。

【註】

〈1〉一般に贈り物を交換し合う行為は、日常は相互の関係性が見えにくい集団と集団との間で行なわれる。そうした行為を通じて結果的に集団同士の関係はより強化される。このような考え方を贈与理論と呼び、フランスの社会学者・人類学者M・モースにより提起された。

〈2〉アルジュン・アパドゥライ、中川理・中空萌訳『不確実性の人類学―デリバティブ金融時代の言語の失敗』以文社、二〇二〇年、一七三〜一七四頁。

〈3〉平野啓一郎『私とは何か―「個人」から「分人」へ』講談社現代新書、二〇一二年、一〇八〜一〇九頁。

〈4〉「『好き』の思い大切に　鴻上尚史さんに聞く特攻とコロナ」デジタル朝日、二〇二〇年八月八日、https://digital.asahi.com/articles/ASN853VH8N84UCVL01R.html?pn=9

本書の企画をいただいた日から、早くも八年がたとうとしている。長期にわたって刊行を長引かせてしまった原因は、ひとえに私の怠慢によるものというよりほかない。当初、私が考えていた新刊のイメージは「安全第一」理念の日本的土着化という点に絡め、近現代日本における安全管理の歩みをたどることで、なぜ日本では類似の労災が繰り返されるのかを解き明かす、というものだった。それは、これまで私が取り組んできた「安全第一」の日本文化論的研究の延長線上にあり、さらなる発展型という位置づけである。ところがこの私の案に対し、編集者が突き付けてきたのは想像をはるかに絶する、もう一歩突き抜けた「発展型」だった。

＊　　　＊

二〇一四年七月、初めて顔を合わせた編集者から手渡された企画書には、「タイトル：会社で死ぬということ—『過労死』『労災』の文化人類学的考察」とあり、企画会議での検討内容として、「過労死」「ブラック企業」にまつわる言説についても可能な限り言及されたし、という要望までが記されていた。これを見た瞬間、全身から冷や汗が噴き出るような感触が皮膚を伝った。副題にある「労災」という語にこそ近しさがあったものの、同じ「会社で死ぬこと」の中でも、私は「過労死」や「ブラック企業」といったカレントな社会問題を扱うには全くの門外漢だった。執筆の方向性が定まらず、手当たり次第に関連する本や資料を乱読しては、いたずらに思考を空回りさせる時を重ねるばかりであった。

そんな私の目を見開かせ、思考の膠着状態を打開させたのは、二〇一五年一二月の電通社員・高橋まつりさんの過労自殺事件だった。この事件ほど「長時間労働」や「パワーハラスメント」などの企業に潜在する負の要因を露呈したケースは、過去記事や先行研究のどこにも見当たらなかったからである。実際この事件を機に、政府もようやく働き方改革へと舵を切らざるをえなくなったのである。また、そうした経緯と連動するように、労働法教育の実践や、非正規も含めた労働者個々に対するユニオンへの相談・加入の支援など、実践的な対策が次々と講じられるようになった。こうした流れを跡づける作業は、それまで文化研究一辺倒だった私にとって新たな挑戦であり、この現状を文化論的思考とどのように接続させればよいかをめぐり、さらに六年近い試行錯誤と知的格闘の歳月が過ぎていった。

実は二〇一五年の高橋まつりさんの事件を機とした、上述の一連の動きを追いかけながら、常に私は、この本を今こそ書き上げなくては、という焦燥を覚えていた。本書が商業出版である以上、労働環境に対する具体的施策が充実していき、それに伴い、まつりさんの無念の死が時間とともに風化してしまえば、商品としての「旬」を逃してしまうのではないか、という危惧である。だが世界はやがてコロナ・パンデミックの時代を迎え、日本ではエッセンシャル・ワーカーたちの劣悪な労働環境が顕在化され、長時間労働と過労に加え、労働時間の削減や解雇など、労働者をめぐる状況はさらに厳しいものとなっていった。私がようやく執筆にとりかかったのは中国・武漢でコロナ感染が初めて確認された直後のことで、当時はまさか事態がここまで悪化し、長期化するとは想像もつかなかった。本書はパンデミックのただ中で、労働者をとりまく困難と苦悩のリアルを痛感しながらの執筆となった。

顧みれば、あの時編集者から与えられた視座とテーマに、この七年余りの時間を通して、あたかも時代と社会が全速力で追いついてきたかのような印象を受ける。時代を後追いしたような類書の出版企画は珍しくもない光景だが、その逆のケースは珍しいのではないか。編集者の預言者的な慧眼に感謝する次第である。

本書に取り組むプロセスは、私にとって新たな自分の可能性を発見する時間でもあった。過労死・過労自殺に向かう人たちが、まさに死に至るほどに苦しみ悩んでいるにも関わらず、自分からその負の状況を断ち切れない要因とは何なのか。そうした疑問を掘り下げていく中で、文化研究者として社会に貢献しうる道を模索するようになっていた。このような視点は自分の中に潜在しながらも、しかし自分では気づかなかった問題意識である。それは編集者という優れた産婆役がいて、初めて引き出された新たな資質だと思う。

本書は高文研編集部の真鍋かおるさんの励ましとアドバイスなしには、到底まとめ上げることができなかった。冒頭に書いたように出版のお話をいただいたのが二〇一四年夏、つまり完成までに約八年という長い時間を要してしまった。真鍋さんには心配をおかけしたが気長に待っていただき、結果として時宜にかなった、まるで古びない内容で出版することができたと思う。辛抱強く本書の完成を待ってくださった真鍋さん、ならびに高文研の皆様には感謝の言葉もない。

本書をきっかけにして、過労死・過労自殺を誰でもない自分自身の問題として考え直してくれる人々が少しでも増えてくれたら望外の喜びである。日本から過労死・過労自殺が一日も早く無くなることを祈念しつつ、本書の結びとしたい。

二〇二一年一二月一日

金子　毅

参考文献

【第Ⅰ章】

■安土敏『ニッポン・サラリーマン　幸福への処方箋』日本実業出版社、一九九二年
■エティエンヌ・ド・ラ・ボエシ、西谷修監修、山上浩嗣訳『自発的隷従論』ちくま学芸文庫、二〇一三年
■香取貴信『社会人として大切なことはみんなディズニーランドで教わった―そうか、「働くこと」「教えること」「本当のサービス」ってこういうことなんだ』こう書房、二〇〇二年
■金子毅『八幡製鉄所・職工たちの社会誌』草風館、二〇〇三年
■工藤正彦『成功したければマニュアルどおりにやりなさい』実務教育出版、二〇一五年
■栗田房穂・高成田享『ディズニーランドの経済学』朝日新聞社、一九八四年
■ジェフリー・フェファー、村井章子訳『ブラック職場があなたを殺す』日本経済新聞社、二〇一九年
■福島文二郎『9割がバイトでも最高の成果を生み出すディズニーのリーダー』中経出版、二〇一三年
■宮台真司『私たちはどこから来て、どこへ行くのか』幻冬舎、二〇一四年
■森岡孝二『過労死は何を告発しているか―現代日本の企業と労働』岩波書店、二〇一三年
■森岡孝二・大阪過労死問題連絡会編『過労死一一〇番―働かせ方を問い続けて三〇年』岩波ブックレット、二〇一九年
■山田陽子『働く人のための感情資本論―パワハラ・メンタルヘルス・ライフハックの社会学』青土社、二〇一九年

【第Ⅱ章】

■秋山謙一郎『ブラック企業経営者の本音』扶桑社新書、二〇一四年
■梅本訓康「家族工場見学計画より実施まで」八幡製鉄所安全課『緑十字』一四一号、一九六一年

■榎一枝、「近代日本の経営パターナリズム」『大原社会問題研究所雑誌』No.611・612、二〇〇九年
■岡實『工場法論　増補改訂三版』有斐閣、一九一七年
■尾高邦雄『日本的経営―その神話と現実』中公新書、一九八四年
■小田嶋隆『ポエムに万歳！』新潮文庫、二〇一六年
■加地信行『沈黙の宗教―儒教』筑摩書房、一九九四年
■加地信行『論語　ビギナーズ・クラッシックス　中国の古典』角川ソフィア文庫、二〇〇四年
■加藤典洋『［増補改訂］日本の無思想』平凡社、二〇一五年
■香取貴信『社会人として大切なことはみんなディズニーランドで教わった―そうか、「働くこと」「教えること」「本当のサービス」ってこういうことなんだ』こう書房、二〇〇二年
■ジェームズ・C・コリンズ／ジェリー・I・ポラス、山岡洋一訳『ビジョナリーカンパニー―時代を超える生存の原則』日経BP出版センター、一九九五年
■人口問題研究会校閲『企業体における新生活運動のすすめ方―家族計画及び生活設計のすすめ方』アジア家族計画普及会、一九五九年
■隅谷三喜男「労働運動の生成と推転」揖西光速編『日本経済史大系　近代』下巻、東京大学出版会、一九六五年
■武田砂鉄「解説」小田嶋隆『ポエムに万歳！』新潮文庫、二〇一六年
■武田晴人『高度成長　シリーズ日本近現代史⑧』岩波新書、二〇〇八年
■田中雅子『経営理念浸透のメカニズム―一〇年間の調査から見えた「わかちあい」の本質と実践』中央経済社、二〇一六年
■中学三年生、女「父のけが」『安全』七―一〇、㈳全日本産業安全連合会、一九五六年
■トヨタ産業技術記念館〈企画〉『「トヨタ産業技術記念館」ガイドブック改訂版』トヨタ産業技術記念館、二〇一四年
■中澤誠・皆川剛『検証ワタミ過労自殺』岩波書店、二〇一四年

■中牧弘允・日置弘一郎編『企業博物館の経営人類学』東方出版、二〇〇三年
■中牧弘允・日置弘一郎・竹内惠行編『テキスト経営人類学』東方出版、二〇一九年
■中村淳彦『ワタミ・渡邉美樹　日本を崩壊させるブラックモンスター』コア新書、二〇一四年
■新田龍『ワタミの失敗―「善意の会社」がブラック企業と呼ばれた構造』新日本出版社、二〇一六年
■能登路雅子『ディズニーランドという聖地』岩波新書、一九九〇年
■野村正實『「優良企業」でなぜ過労死・過労自殺が？　シリーズ・現代経済学⑭―「ブラック・アンド・ホワイト企業」としての日本企業』ミネルヴァ書房、二〇一八年
■間宏『日本的経営―集団主義の功罪』日経新書、一九七一年
■間宏『日本労務管理史研究』お茶の水書房、一九七八年
■パトリシア・スタインホフ、木村由美子訳『死へのイデオロギー―日本赤軍派』岩波書店、二〇〇三年
■T・J・ピーターズ、R・H・ウォーターマン、大前研一訳『エクセレントカンパニー―超優良企業の条件』講談社、一九八三年
■ピーター・F・ドラッカー、上田惇生訳『マネジメント［エッセンシャル版］―基本と原則』ダイヤモンド社、二〇〇一年
■兵頭釗『日本における労使関係の展開』東京大学出版会、一九七一年
■兵頭釗『労働の戦後史　上巻』東京大学出版会、一九九七年
■M・ヴェーバー『儒教と道教』創文社、一九七一年
■R・N・ベラー、池田昭訳『徳川時代の宗教』岩波文庫、一九九六年
■廣川佳子、芳賀繁「国内における経営理念研究の動向」Rikkyo psychological Research Vol.57、二〇一五年
■松下幸之助『実践経営哲学』ＰＨＰ研究所、一九七八年
■松村洋平『企業文化―経営理念とＣＳＲ』学分社、二〇〇六年
■安川寿之輔『福沢諭吉の教育論と女性論』高文研、二〇一三年

■柳井正『柳井正の希望を持とう』朝日新書、二〇一一年
■横川雅人「現代日本の企業の経営理念―「経営理念の上場企業実態調査」を踏まえて」『産研論集（関西大学）』三七号、二〇一〇年
■横田増生「ユニクロ潜入第三弾　黒字のため〝ロボット化〟する従業員」『週刊文春』第五八巻第四九号、二〇一六年
■読売新聞特別取材班『トヨタ伝』新潮文庫、二〇〇〇年
■渡邉美樹『社長が贈り続けた社員への手紙―渡邉美樹の夢をかなえる手紙』中経文庫、二〇〇六年

【第Ⅲ章】

■秋山謙一郎『ブラック企業経営者の本音』扶桑社新書、二〇一四年
■阿部眞雄『快適職場のつくり方―イジメ、ストレス、メンタル不全をただす』学習の友社、二〇〇八年
■井上忠司『「世間体」の構造―社会心理史への試み』NHKブックス、一九七七年
■大野正和『過労死・過労自殺の心理と職場』青弓社、二〇〇三年
■大野正和『自己愛化する仕事―メランコからナルシスへ』労働調査会、二〇一〇年
■大宮冬洋『私たち「ユニクロ一五四番店」で働いていました』ぱる出版、二〇一三年
■過労死弁護団全国連絡会議編『過労死』講談社文庫、一九九二年
■川人博『過労自殺』岩波新書、一九九八年
■木下武男「リストラ・「追い出し部屋」と日本型雇用の変容」『POSSE［特集］追い出し部屋と世代間対立』vol.22　NPO法人POSSE、二〇一四年
■熊沢誠『過労死・過労自殺の現代史―働きすぎに斃れる人たち』岩波書店、二〇一八年
■礫川全次『日本人はいつから働きすぎになったのか―〈勤勉〉の誕生』平凡社新書、二〇一四年
■今野晴貴『ブラック企業―日本を食いつぶす妖怪』文春新書、二〇一二年

■今野晴貴『ブラック企業2―「虐待型管理」の真相』文春新書、二〇一五年
■斎藤峰彰『セゾンファクトリー　社員と熱狂する経営』日経BP社、二〇一四年
■作田啓一『恥の文化再考』筑摩書房、一九六七年
■高橋幸美・川人博『過労死ゼロの社会を―高橋まつりさんはなぜ亡くなったのか』連合出版、二〇一七年
■中村淳彦『ワタミ・渡邉美樹　日本を崩壊させるブラックモンスター』コア新書、二〇一四年
■橋本茂『交換の社会学―G・C・ホーマンズの社会行動論』世界思想社、二〇〇五年
■濱口恵俊『「日本らしさ」の再発見』講談社学術文庫、一九八八年
■速水融『近世日本の経済社会』麗澤大学出版会、二〇〇三年
■広田研二『この命守りたかった―検証／木谷公治君の過労自殺』かもがわ出版、二〇〇〇年
■R・N・ベラー、池田昭訳『徳川時代の宗教』岩波文庫、一九九六年
■松本創『軌道―福知山線脱線事故　JR西日本を変えた闘い』東洋経済新報社、二〇一八年
■マリオ・ヤコービ、高石浩一訳『恥と自尊心―その起源から心理療法へ』新曜社、二〇〇三年
■森岡孝二『過労死は何を告発しているか―現代日本の企業と労働』岩波書店、二〇一三年
■横田増生『ユニクロ帝国の光と影』文藝春秋、二〇一一年
■横田増生「ユニクロ潜入⑦「私たちの残酷物語」現役従業員が続々告白」『週刊文春』第五九巻第三号、二〇一七年

【第Ⅳ章】

■あずさビジネススクール編『やさしくわかるコンプライアンス―茶髪って違反ですか』日本実業出版社、二〇〇七年
■アーヴィング・ゴッフマン、石黒毅訳『スティグマの社会学―烙印を押されたアイデンティティ』せりか書房、二〇〇三年

■上西充子『呪いの言葉の解きかた』晶文社、二〇一九年
■内橋克人・奥村宏・佐高信『会社人間の終焉　シリーズ日本会社原論3』岩波書店、一九九四年
■エズラ・F・ボーゲル、広中和歌子・木本彰子訳『ジャパンアズナンバーワン―アメリカへの教訓』TBSブリタニカ、一九七九年
■エティエンヌ・ド・ラ・ボエシ、西谷修監修、山上浩嗣訳『自発的隷従論』ちくま学芸文庫、二〇一三年
■大河内一男『これからの労使関係』講談社現代新書、一九六六年
■大野正和『過労死・過労自殺の心理と職場』青弓社、二〇〇三年
■大野正和『自己愛化する仕事―メランコからナルシスへ』労働調査会、二〇一〇年
■岡田康子・稲尾和泉『パワーハラスメント』日本経済新聞出版社、二〇一一年
■熊沢誠「第五章　日本的経営における働かせ方の論理」基礎経済科学研究所編、『日本型企業社会の構造』労働旬報社、一九九二年
■熊沢誠『能力主義と企業社会』岩波新書、一九九七年
■黒井千次『働くということ―実社会との出会い』講談社現代新書、一九八二年
■黒井勇人『ブラック会社に勤めてるんだが、もう俺は限界かもしれない』新潮社、二〇〇八年
■礫川全次『日本人はいつから働きすぎになったのか―〈勤勉〉の誕生』平凡社新書、二〇一四年
■鴻上尚史『「空気」と「世間」』講談社現代新書、二〇〇九年
■鴻上尚史・佐藤直樹『同調圧力―日本社会はなぜ息苦しいのか』講談社現代新書、二〇二〇年
■今野晴貴『ブラック企業―日本を食いつぶす妖怪』文春新書、二〇一二年
■ジョセフ・J・フッチニ／スージー・フッチニ、中岡望訳『ワーキング・フォー・ザ・ジャパニーズ―日本人社長とアメリカ人社員』イースト・プレス、一九九一年
■ジンメル、居安正訳『社会学』下巻、白水社、一九九四年
■ダグラス・ラミス、斎藤茂男『〈対談〉ナゼ日本人ハ死ヌホド働クノデスカ?』岩波ブックレット、一九九一年

■田中博秀『現代雇用論』日本労働協会、一九八〇年
■早川雅子「近世後期における民衆の孝道徳の源流をめぐって—『古文孝経孔子伝』と貝原益軒を中心に」『目白大学　人文学研究』第一〇号、二〇一四年
■ヴァルター・ベンヤミン、野村修編訳『暴力批判論他十篇　ベンヤミンの仕事1』岩波文庫、一九九四年
■兵頭釗『労働の戦後史　上巻』東京大学出版会、一九九七年
■本田由紀『軋む社会—教育・仕事・若者の現在』河出文庫、二〇一一年
■見田宗介『新版　現代日本の精神構造』弘文堂、一九七四年
■森岡孝二『過労死は何を告発しているか—現代日本の企業と労働』岩波書店、二〇一三年
■安富歩・本條晴一郎『ハラスメントは連鎖する—「しつけ」「教育」という呪縛』光文社新書、二〇〇七年
■山田陽子『働く人のための感情資本論—パワハラ・メンタルヘルス・ライフハックの社会学』青土社、二〇一九年
■山本七平『空気の研究』文藝春秋、一九七七年
■吉見俊也『ポスト戦後社会　シリーズ日本近現代史⑨』岩波新書、二〇〇九年
■渡邉美樹『きみはなぜ働くか—渡邉美樹が贈る八八の言葉』日本経済新聞出版社、二〇〇六年
■和辻哲郎『倫理学』上巻、岩波書店、一九六五年

【第Ⅴ章】

■稲盛和夫『京セラフィロソフィ』サンマーク出版、二〇一四年
■植田正也『電通鬼十則—広告の鬼吉田秀雄からのメッセージ』PHP文庫、二〇〇六年
■内田良・斉藤ひでみ『教師のブラック残業—「定額働かせ放題」を強いる給特法とは?!』学陽書房、二〇一八年
■小此木啓吾『対象喪失—悲しむということ』中公新書、一九七九年

■尾崎孝史『未和―NHK記者はなぜ過労死したのか』岩波書店、二〇一九年
■金子毅『八幡製鉄所・職工たちの社会誌』草風館、二〇〇三年
■川人博『過労自殺』岩波新書、一九九八年
■川人博『過労自殺と企業の責任』旬報社、二〇〇六年
■川人博『過労自殺　第二版』岩波新書、二〇一四年
■川人博・平本紋子『過労死・過労自殺労災認定マニュアル―Q&Aでわかる補償と予防』旬報社、二〇一二年
■北健一『電通事件―なぜ死ぬまで働かなければならないのか』旬報社、二〇一七年
■北九州史跡同好会編『北九州の史跡探訪』福岡自費出版センター、一九九〇年
■教育塔を考える会編『教育の「靖国」―教育史の空白・教育塔』樹花舎、一九九八年
■国友隆一『京セラ　稲盛和夫―血気と深慮の経営』ぱる出版、一九九六年
■熊沢誠『働きすぎに斃れて―過労死・過労自殺の語る労働史』岩波書店、二〇一〇年
■佐木隆三『鉄鋼帝国の神話―鉄鋼合併と労働者』三一書房、一九六九年
■下中邦彦編「鉄の王国」『日本残酷物語　現代篇1―引き裂かれた時代』平凡社、一九六〇年
■全国過労死を考える家族の会編『日本は幸福か―過労死・残された五〇人の妻たちの手記』教育史料出版会、一九九一年
■全国過労死を考える家族の会編『死ぬほど大切な仕事ってなんですか』教育史料出版会、一九九七年
■高橋幸美・川人博『過労死ゼロの社会を―高橋まつりさんはなぜ亡くなったのか』連合出版、二〇一七年
■高橋哲哉『靖国問題』ちくま新書、二〇〇五年
■竹内勢津子「きゅうきゅう車」『校友』一四号、明治学園、一九七二年
■田中真砂子「祖先祭祀と家・親族」『宗教人類学』佐々木宏幹・村武精一編、新曜社、一九九四年
■常見陽平『なぜ残業はなくならないのか』祥伝社新書、二〇一七年
■デュルケーム、宮島喬訳『自殺論』中公文庫、一九八五年

■中澤誠・皆川剛『検証ワタミ過労自殺』岩波書店、二〇一四年
■中牧弘允「会社供養塔」『日本民俗宗教事典』佐々木宏幹・宮田登・山折哲雄監修、東京堂、一九九八年
■中牧弘允『社葬の経営人類学』中牧弘允編、東方書店、一九九九年
■M・フォーテス、田中真砂子訳『祖先祭祀の論理』ぺりかん社、一九八〇年
■POSSE本誌編集部「ブラック企業のリアル vol.17　通信教育」『POSSE』vol.32、NPO法人POSSE、二〇一六年
■深田俊祐『新日鉄の底辺から―下請け労働者の報告』三一書房、一九七一年
■本田洋「墓を媒介とした祖先の〈追慕〉」『民族学研究』第五八巻第二号、一九九三年
■牧内昇平『過労死―その仕事、命より大切ですか』ポプラ社、二〇一九年
■森岡孝二『過労死は何を告発しているか―現代日本の企業と労働』岩波書店、二〇一三年
■山田直樹『ルポ企業墓―高度経済成長の「戦死者」たち』イースト・プレス、二〇一八年
■山田陽子「「心の健康の社会学序説―労働問題の医療化」『現代社会学』第9号、広島国際学院大学現代社会学部、二〇〇八年
■八幡市史編纂委員会編『八幡市史　続編』、一九五九年
■横田一・佐高信『トヨタの正体』金曜日、二〇〇六年
■読売新聞特別取材班『トヨタ伝』新潮文庫、二〇〇〇年
■渡邉美樹『社長が贈り続けた社員への手紙―渡邉美樹の夢をかなえる手紙』中経文庫、二〇〇六年

【おわりに】

■アルジュン・アパドゥライ、中川理・中空萌訳『不確実性の人類学―デリバティブ金融時代の言語の失敗』以文社、二〇二〇年
■平野啓一郎『私とは何か―「個人」から「分人」へ』講談社現代新書、二〇一二年

金子 毅（かねこ たけし）
1962年埼玉県生まれ。聖学院大学准教授、東京大学大学院情報学環客員研究員。専門は民俗学、文化人類学（含、経営人類学）、経済思想史。
主な著書:『八幡製鉄所・職工たちの社会誌』（草風館、2003年）、『「安全第一」の社会史—比較文化論的アプローチ』（社会評論社、2011年）、『現代民俗誌の地平1　越境』（共著、朝倉書店、2003年）、『会社の中の宗教』（共著、東方出版、2009年）、『産業安全活動　二つの源流　「Think Safety First again」—100年の時空を超えて』（共著、化学工業日報社、2016年）、「『安全第一』をめぐる日本文化論的研究—『Safety-First』と『安全第一』のあいだ」（乙種・博士学位論文、九州大学大学院人間環境学府、2010年）、「淡路・富山妙子『解放』の原点—縄騒動、そして人形芝居」（『東洋文化』第101号、2021年）など。

企業のヤスクニ
◆「企業戦死」という生き方
●二〇二三年二月一一日——第一刷発行

著　者／**金子　毅**

発行所／株式会社 **高文研**
東京都千代田区神田猿楽町二—一—八
三恵ビル（〒一〇一—〇〇六四）
電話03＝3295＝3415
http://www.koubunken.co.jp

印刷・製本／中央精版印刷株式会社

★万一、乱丁・落丁があったときは、送料当方負担でお取りかえいたします。

ISBN978-4-87498-782-7　C0036